Dʳ ANTON NYSTRÖM

L'ALSACE-LORRAINE

— TRADUIT DU SUÉDOIS —

PRÉFACE

de

A. MILLERAND, Député

Cinquième édition

PARIS
SOCIÉTÉ D'ÉDITIONS LITTÉRAIRES ET ARTISTIQUES
Librairie Paul Ollendorff
50, CHAUSSÉE D'ANTIN, 50
—
1903
Tous droits réservés.

SOCIÉTÉ D'ÉDITIONS LITTÉRAIRES ET ARTISTIQUES
LIBRAIRIE PAUL OLLENDORFF
50, Chaussée d'Antin, 50, Paris

Extrait du Catalogue

PAUL ADAM
    L'Enfant d'Austerlitz.

STÉPHANE ARNOULIN
    L'Affaire La Roncière.

GEORGES DELAHACHE
    Juifs.

GEORGE DURUY
    Pour la Justice et pour l'Armée.

JEAN JAURES
    Études socialistes.

FRÉDÉRIC MASSON
    Cavaliers de Napoléon.

PATIENS
    L'Alsace-Lorraine devant l'Europe.

PAUL STAPFER
    Victor Hugo et la Poésie satirique en France.

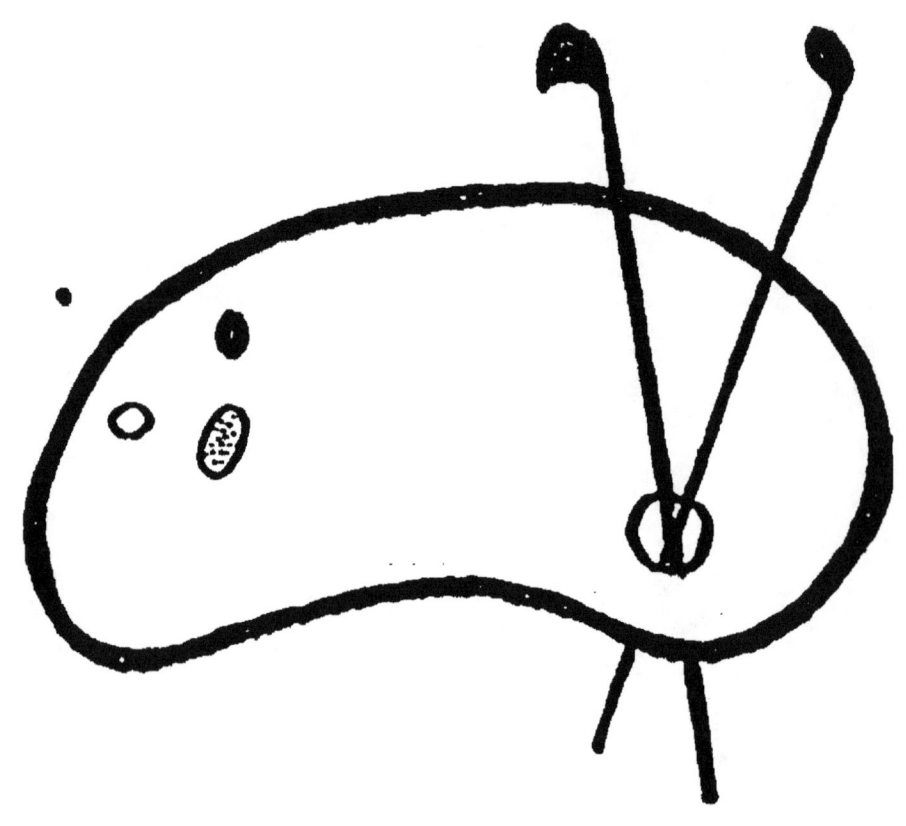

FIN D'UNE SERIE DE DOCUMENTS EN COULEUR

L'Alsace-Lorraine

Dr ANTON NYSTRÖM

L'ALSACE-LORRAINE

— TRADUIT DU SUÉDOIS —

PRÉFACE

DE

A. MILLERAND, Député

CINQUIÈME ÉDITION

PARIS
SOCIÉTÉ D'ÉDITIONS LITTÉRAIRES ET ARTISTIQUES
Librairie Paul Ollendorff
50, CHAUSSÉE D'ANTIN, 50

1903
Tous droits réservés.

Cette étude a paru en suédois dans les numéros des 23 et 30 août, 13, 20 et 27 septembre, 11 octobre 1902, de l'AFTON-BLADET, l'un des principaux journaux de Stockholm.

PRÉFACE

PRÉFACE

J'ai accepté volontiers l'honneur de présenter au public français ce recueil d'articles d'un publiciste étranger.

En juin 1889, à une fête commémorative du Serment du Jeu de Paume, Jules Ferry répondait en ces termes à un discours prononcé par le docteur Nyström au nom de ses compatriotes :

« M. Nyström, les acclamations de l'assemblée rendent inutiles les paroles que je voulais vous adresser. Vous avez parlé de la France, monsieur, avec une hauteur et une délicatesse de sentiment dont nous sommes profondément touchés. Merci à vous de nous avoir montré que, quoi qu'on en dise, les Suédois sont toujours les Français du Nord. »

Les pages qu'on va lire n'eussent fait que confirmer Jules Ferry dans l'opinion qu'il exprimait des sentiments de son auteur. Quel jugement l'homme d'État eût-il porté sur les propositions qui y sont formulées? Comment le grand Vosgien eût-il accueilli cette solution du problème dont il a voulu que son tombeau même rappelât l'obsédante angoisse?

J'ai toujours tenu pour un jeu vain et presque sacrilège de faire parler les morts. Ils ont, comme ils l'ont pu, rempli leur tâche. Ne tentons point de nous décharger sur eux du poids de la nôtre.

Aussi bien les suggestions de l'écrivain suédois n'exigent pas de réponse. Elles méritent d'être par tous respectueusement accueillies comme la protestation réfléchie et désintéressée de la conscience humaine contre la violence et pour la justice.

Les Français ne peuvent que recevoir avec une gratitude pleine d'espérance la parole, lointaine comme celle de la postérité, qui leur promet la seule revanche qu'ils attendent, la seule à laquelle ils n'ont ni la pensée ni le droit de renoncer.

L'auteur allemand d'une brochure sur « l'Avenir des Peuples de l'Europe Centrale », parue à Berlin en 1890, a écrit ces lignes où se révèle la profondeur du malentendu néfaste qui date de 1871 :

« Si nous rendons librement l'Alsace et la Lorraine

aux Français, (nous diraient, j'en suis sûr, presque tous les Allemands), ils seront persuadés que nous ne le faisons que par crainte ou parce que nous avons le sentiment de notre faiblesse. Ils se réjouiront d'avoir enfin reconquis la position désirée depuis si longtemps, si propice à une attaque contre l'Allemagne. Et le cri : « L'heure de la revanche a sonné! au Rhin, au Rhin! » retentirait bientôt partout avec impétuosité. L'homme d'État ou le gouvernement qui aurait accompli un tel acte serait maudit. »

Ainsi la réparation nécessaire que tous les Français seraient unanimes à saluer comme le gage d'une entente entre la France et l'Allemagne est présentée au delà des Vosges comme la plus coupable et la plus dangereuse des faiblesses.

Sans doute, nos voisins se rendent compte des inconvénients de tout ordre qu'offre pour leurs intérêts l'inévitable tension de nos rapports réciproques. Ils seraient disposés, pour en transformer la nature, pour opérer entre nous un rapprochement sérieux et durable, à beaucoup de sacrifices, hors le seul sans lequel tous les autres sont frappés de stérilité.

S'ils l'ont lue, ils n'ont pas compris ou ils ont oublié cette page admirable d'un de leurs maîtres :

« Laissons un instant de côté la querelle de deux particuliers et mettons à leur place deux peuples.

L'un a justement pris à l'autre une lieue carrée de terrain inculte et sans valeur. Ce dernier va-t-il déclarer la guerre? Examinons la question au point de vue où la place la théorie de la manie des procès lorsqu'il s'agit d'un paysan qui, à l'aide de sa charrue, a enlevé quelques pieds du champ de son voisin ou qui a jeté des pierres sur le terrain de ce dernier. Qu'est-ce donc qu'une lieue de terrain vague en comparaison d'une guerre qui coûtera des milliers de vies, qui sèmera le chagrin et la misère dans les chaumières comme dans les palais, qui engloutira des millions et des milliards du trésor public et peut-être menacera l'existence de l'État? Quelle folie que de faire de pareils sacrifices pour un pareil enjeu!

« Voilà ce qu'il y aurait à dire s'il y avait lieu d'appliquer la même mesure au paysan et au peuple. Mais personne ne donnera au peuple le même conseil qu'au paysan. Chacun sait qu'un peuple qui se tairait devant une pareille violation de son droit aurait du coup scellé sa propre condamnation à mort. Le peuple qui se laisse impunément enlever une lieue carrée se verra bientôt prendre toutes les autres, jusqu'à ce qu'il ne lui reste plus rien en propre et qu'il ait cessé d'exister comme État, et un pareil peuple ne mérite pas un sort meilleur. » (*La lutte pour le droit*, par R. von Ihering).

Peut-être l'aube est proche du jour où pour les peuples eux-mêmes la force aura cessé d'être le recours suprême et incertain du droit. Mais, sous le régime de l'arbitrage aussi bien que sous celui de la paix armée, il restera vrai, des peuples comme des individus, que, selon la vigoureuse formule du même écrivain, « la défense du droit est un devoir de la conservation morale de soi-même ». Malheur à qui s'abandonne.

Attendons, et malgré tout ayons confiance. Cette Allemagne qui a donné à l'humanité tant de génies dont l'œuvre est le patrimoine commun de tous les peuples civilisés ouvrira les yeux à la lumière, l'esprit à la vérité. Les idées de justice et de paix marchent à pas de géant. Elles régneront.

Des écrits tels que celui qu'on va lire annoncent leur inéluctable victoire. Souhaitons, pour le bien du monde et pour son honneur, qu'elle ne soit pas trop longtemps retardée.

A. MILLERAND.

Mai 1903.

L'Alsace-Lorraine

> « Le monde est en somme gouverné
> avec peu de sagesse. »
>
> Axel Oxenstjerna.

I

VIOLATION DU DROIT DES PEUPLES
PAIX TROMPEUSE

Il y a sur la carte de l'Europe quatre taches noires : la Pologne, la Finlande, le Sleswig et l'Alsace-Lorraine, qui nous rappellent sans cesse, pour la plus grande honte de la civilisation européenne, les quatre attentats, commis dans les temps modernes, contre le droit des peuples. Sur ces contrées, arrachées à leur pays d'origine, par les hommes politiques qui en effectuèrent la conquête brutale, règne un ciel toujours sombre et chargé de menaces. C'est l'annexion de ces pays, par la guerre, qui a fait naître et qui entretient dans toute l'Europe cette inquiétude et ce malaise qui obligent tous les États, grands et petits, à augmenter continuellement leurs forces défensives, et à sacrifier une partie considérable de leurs ressources financières, pour leur budget militaire.

Certaines grandes puissances nous entretiennent cependant volontiers, par l'organe de leurs représentants les plus officiels, de leur désir sincère d'assurer le maintien de la paix. La triplice, aussi bien que la duplice, proclament à qui veut l'entendre que le but qu'elles poursuivent est essentiellement pacifique; mais, malgré ces déclarations, on en vient à se demander si le récent congrès de La Haye avait vraiment quelque utilité sérieuse, et si même il ne comportait pas quelque ironie à l'égard des grandes puissances de l'Europe, dont la politique et les intentions nous apparaissent transparentes comme du cristal de roche.

A entendre nos diplomates les plus autorisés, on croirait que nous avons été traités en enfants gâtés, et rassasiés depuis quelque temps de paix et de bonheur; pourtant l'inquiétude et le malaise persistent! La méfiance qu'inspire la politique de certains grands États est plus forte que jamais. Les gens éclairés, aussi bien que ceux qui sont les défenseurs du droit des peuples, n'ont jamais ratifié en eux-mêmes la paix qu'on nous a donnée, parce qu'elle a pour but de maintenir, dans les quatre pays que nous citions et qui sont des pays de haute culture et parfaitement civilisés, le *statu quo* et la politique de conquête si odieuse, si contraire à la plus élémentaire notion de droit et de justice. Ces pays continueront donc à faire sur la carte quatre taches noires, jusqu'au jour, où, sous l'influence d'un retour aux vrais principes de la « civilisation », les peuples qui les habitent recouvreront le droit de disposer de leur nationalité, selon leur propre volonté.

Des difficultés insurmontables m'ont empêché de terminer la seconde partie de mon ouvrage sur le droit des peuples, intitulé : « *Crime et Réconciliation* ». Je voulais alors examiner les moyens possibles de provoquer une réconciliaton des peuples désunis; mais j'ai dû y renoncer car ces moyens m'ont apparu comme trop voisins de l'utopie, après la comédie diplomatique jouée à la Haye en 1899, après les abominables guerres qui ont désolé la Chine et l'Afrique du Sud, et qui furent entreprises au mépris des résolutions du Congrès international de la Paix, où les questions relatives à l'arbitrage et à l'intervention avaient été si sagement codifiées cependant en 55 articles.

Les difficultés que je rencontrai eurent cependant ceci de bon, qu'elles me décidèrent à entreprendre de nouvelles études sur les causes de l'imbroglio politique où se débat l'Europe. Je fis en conséquence plusieurs voyages dans différentes contrées de l'Europe, en particulier en Pologne, dans le Sleswig et en Alsace, pour me rendre compte personnellement de l'état d'esprit des populations de ces régions.

Ce que l'on entend dire en Allemagne et en France sur la question d'Alsace-Lorraine est si différent, si contradictoire même, qu'on se sentirait bien près de perdre courage et qu'on se laisserait facilement détourner du désir de se rendre compte du véritable état des choses, dans le but de chercher un moyen pratique de résoudre la question.

On en vient parfois à se demander s'il est possible de conserver le moindre espoir de voir jamais résoudre ce problème international selon des principes rationnels, conformes à la vie sociale des peuples.

Je dirai donc, que si je cherche maintenant à fixer l'attention sur cette question, et à montrer qu'elle peut recevoir une solution par les moyens que j'indiquerai, en dépit de toutes les causes de découragement que fait naître une politique européenne notoirement dégénérée, c'est qu'il s'est produit, en ces derniers temps, dans les rapports entre la France et l'Allemagne, une amélioration évidente, et parce qu'il m'a semblé opportun, et même désirable, qu'il parût une étude impartiale sur cette question, traitée à un point de vue purement sociologique, et provenant d'un pays dont les rapports avec ces deux nations sont empreints de la même amitié.

Tous les traités de paix qui ratifient *l'annexion d'un pays contre la volonté de ceux qui l'habitent*, sont des actes de contrainte, auxquels le vaincu est tenu de se soumettre, mais dont l'effet utile se résume dans le mot « trêve ». Ce serait un sophisme pur que de les qualifier d' « actes de droit ». Car, bien qu'ils rentrent dans ce qu'on est convenu d'appeler le droit des gens positif ou réel, ils ne participent pas, en réalité, des principes du droit véritable dont ils sont le contre-pied puisqu'ils proviennent de la *Force*.

Le sentiment plus éclairé que nous avons, de nos jours, de la justice, nous impose de ne point oublier le droit inviolable qu'ont les peuples de disposer d'eux-mêmes, et s'oppose à ce que nous acceptions qu'une victoire, remportée sur un champ de bataille, puisse avoir comme conséquence une annexion contre la volonté de ceux qui la subiront. Lorsqu'un fait semblable se produit, on peut dire que le droit des gens a été remplacé par le « canon ». Aucun traité ne peut être considéré comme valable, dont l'objet a été de s'emparer d'un pays contre le vœu de ses habitants. Le respect de semblables traités ne s'impose pas comme une obligation morale absolue, mais simplement comme un devoir relatif. L'État vainqueur le sait si bien, qu'il se prépare toujours à défendre sa proie par la force des armes : il n'est jamais tranquille, et s'attend invariablement, de la part du vaincu, à une reprise des hostilités, qu'il considère comme une chose toute naturelle. Le désir de reprendre une portion de territoire perdue est aussi naturel ; il provient de l'amour de la patrie et du sentiment de la violation du droit. C'est pour cela que l'Allemagne, bien que la paix ait été conclue à Francfort en 1871, a porté sa puissance militaire à un degré vraiment extraordinaire et organisa la Triple Alliance. Son but était d'isoler la France et de l'empêcher, par le spectacle de sa force, de donner suite à tout projet de reconquérir l'Alsace et la Lorraine. La France, de son côté, a augmenté considérablement ses effectifs de guerre et a contracté une alliance avec la Russie, bien qu'elle ait abandonné, depuis longtemps, toute idée de « revanche ». Mais, bien que la France ait jusqu'à présent *respecté* le traité de Francfort, le peuple français, pas plus que les Alsaciens-Lorrains, ne l'ont *ratifié*. Ils n'ont jamais cessé de protester contre ce qu'ils considèrent comme une violation du droit des gens, protestation qui a rencontré la sympathie de tous les gens éclairés du monde entier, à l'exception de l'Allemagne.

Bismarck déclara, en 1872, au chargé d'affaires de France à Berlin, de Gabriac (ainsi que celui-ci l'a raconté dernièrement dans la *Revue des Deux Mondes*) qu'il était convaincu que les Français allaient bientôt commencer une guerre de revanche, et que c'était pour cette raison que, cédant aux insistances de de Moltke, il avait exigé la cession de l'Alsace-Lorraine, avec Metz, pour la défense de l'Allemagne. Mais il fit en même temps l'aveu suivant : « Nous commettons une faute en nous emparant de l'Alsace-Lorraine, si nous désirons une paix durable, car ces deux provinces ne seront jamais pour nous qu'une source de difficultés. »

Menaces de Guerre contre la France après 1871.

Bien qu'il ait été dit et répété en Allemagne que ce pays était devenu le rempart de la paix depuis la guerre franco-allemande, il n'en est pas moins vrai que Bismarck, depuis la même époque, s'est efforcé de pousser la France, tantôt par des menaces, tantôt par des provocations, à déclarer la guerre à l'Allemagne, excitant même l'Italie à des attaques belliqueuses contre la France.

Le général Le Flô, ancien ambassadeur français à Saint-Pétersbourg, a déclaré que Bismarck avait dit en 1874, au prince Orloff : « La France se réorganise trop vite et nous allons nous procurer une garantie en occupant une place forte; *nous occuperons Nancy.* »

Sans l'intervention d'Alexandre II, Bismarck aurait recommencé la guerre contre la France en 1875 : le Ministre des Affaires Étrangères russe, Gortschakoff, disait à ce sujet au général Le Flô : « Vous n'avez qu'une chose à faire : faites-vous forts, très forts. »

Lorsque le tzar Alexandre, après avoir fait partie, deux ans plus tard, de l'Alliance des trois empereurs pour obtenir l'appui de la Prusse dans ses projets contre la Turquie, eut perdu par le Congrès de Berlin (1878) les avantages obtenus par le traité de San-Stéfano, qui terminait la dernière guerre turco-russe, il rompit avec ses alliés, convaincu que Bismarck l'avait trompé. La Russie menaça même la Prusse de la guerre en 1879 et l'on commença à cette occasion de parler d'une alliance entre la Russie et la France. Le *Norddeutsche Allgemeine Zeitung* fit entendre à propos de ces bruits des paroles d'appréhension. Pour faire front à la Russie et isoler la France, Bismarck créa en 1882 la Triplice, mais la Russie, qui, en 1884 encore, s'était rapprochée de l'Allemagne et de l'Autriche à la suite de troubles intérieurs et extérieurs, recommença bientôt à rechercher les bonnes grâces de la France. Une alliance franco-russe, chose que Bismarck redoutait par-dessus tout, devait en effet se réaliser un jour, provoquée par les causes toutes naturelles qui la rendaient presque obligatoire.

La faute que Bismarck reconnaissait avoir été commise par l'Allemagne lors du traité de Francfort fut alors rappelée par un diplomate russe qui s'exprimait ainsi : « En s'emparant de l'Alsace et de la Lorraine, Bismarck a travaillé pour nous; Strasbourg et Metz dans les mains des Allemands, c'est l'union de la France et de Russie dans une guerre future. » La Russie a souvent vu dans la France depuis 1814 son alliée naturelle, en se fondant, pour assurer son expansion en Orient, sur le consentement tacite de cette nation, lui promettant en compensation d'appuyer ses revendications personnelles en ce qui concerne ses frontières naturelles sur le Rhin.

La Russie fit de nouveau entendre sa voix en faveur de la France en 1887 lorsque Bismarck, toujours inquiet au sujet de la France, toujours provoquant les Français à commencer les hostilités, alarmait l'Allemagne en venant déclarer avec de Moltke, devant le Reichstag, que la guerre éclaterait sûrement, si le septennat proposé par le gouvernement et qui tendait à augmenter l'effectif de l'armée allemande de 41,000 hommes pendant sept ans, n'était pas voté par cette assemblée.

Un article publié dans *Le Nord* (janvier 1887) déclarait que la Russie évitait tout conflit en Orient afin de pouvoir concentrer toute son attention sur ce qui se passait au bord du Rhin. Une correspondance politique, émanant du gouvernement russe, donnait à entendre à Vienne que la Russie appuierait la France en cas de conflit avec l'Allemagne. Il en résultait que la presse russe tout entière était d'accord pour admettre que la Russie devait avoir les yeux constamment fixés sur le Rhin pour *empêcher un nouvel écrasement de la France.*

« Il est du devoir du gouvernement russe de chercher à prévenir une guerre entre la France et l'Allemagne, mais il doit en outre avoir pour politique de faire de la première le *contre-poids* de la seconde, de façon à tenir l'Allemagne en respect et à l'empêcher d'exercer une trop grande influence en Europe ».

Cependant les journaux à la solde de Bismarck continuaient à entretenir l'agitation contre la France, propageant dans toute l'Europe, au printemps de 1887, des bruits de préparatifs de guerre. La polémique engagée entre la presse russe et la presse allemande, les mouvements des troupes allemandes en Alsace-

Lorraine et dans les provinces du Rhin, l'application de mesures de police de plus en plus sévères dans les provinces annexées, tout contribuait à ce moment à jeter et à entretenir le trouble dans les esprits; l'attente générale était que quelque chose de grave allait se passer. C'est sur ces entrefaites que le major allemand H. V. Pfister fit paraître un ouvrage : *Die Gestaltung des deutschen Reichs* (*La formation de l'empire allemand*), dans lequel il insistait sur la nécessité du rétablissement de l'empire allemand dans ses anciennes frontières, et sur le *démembrement de la France*, donnant ainsi à entendre que l'Allemagne devait encore annexer la Lorraine française et la Franche-Comté!

Peu après (avril 1887) eut lieu, de la façon la plus perfide, l'arrestation du commissaire de police français Schnæbelé saisi sur le territoire français près de Pagny, non loin de la frontière franco-allemande, par des agents de police déguisés. Schnæbelé fut retenu en prison pendant neuf jours à Metz, comme prévenu de haute trahison envers l'Allemagne! On l'accusait de s'être rendu coupable d'espionnage (!), alors qu'il n'avait fait que son devoir d'agent français en observant ce qui se passait à la frontière. Cependant cette arrestation avait été trop déloyale et trop arbitraire: le gouvernement allemand se vit dans l'obligation de faire mettre Schnæbelé en liberté, aucune preuve de délit n'ayant pu être fournie contre lui. Cet événement causa la plus profonde indignation en France, l'attitude calme et digne du gouvernement et de la presse purent heureusement prévenir un conflit avec l'Allemagne ; le but secret poursuivi par Bismarck, provoquer la France à déclarer la guerre à l'Allemagne, ne fut donc pas atteint.

Bismarck imagina alors un nouveau moyen de compromettre la France. Après l'avoir décidée à occuper Tunis, où les Français avaient de grands intérêts économiques à surveiller, il excita l'Italie contre elle sous le prétexte que les intérêts italiens étaient menacés en Afrique par la France. Attisant sans trêve l'ardeur du chauvinisme italien — qui dans sa naïveté ne tendait à rien moins qu'à exiger un droit exclusif d'occupation dans tout le nord de l'Afrique, — il finit par convaincre l'Italie, qu'elle était la victime d'une usurpation étrangère, à laquelle il fallait mettre fin.

Crispi, qui manquait de caractère et de principes, se laissa convaincre par Bismarck de la nécessité de renouveler la triple alliance (novembre 1887) et de s'engager à fond dans une politique hostile à la France. Crispi espérait évidemment que cette alliance lui permettrait, grâce à quelque convention particulière, de s'emparer d'une partie du littoral africain de la Méditerranée et de Tunis. Mais, en dépit des provocations de l'Italie qui, pendant longtemps, semblèrent de nature à rendre une guerre inévitable, l'ordre, grâce à la politique conciliante et pacifique du gouvernement français, ne fut pas troublé.

Pendant ce temps, le rapprochement de la France

et de la Russie s'accentuait tous les jours davantage, et, en 1891, lorsqu'une escadre française vint à Cronstadt, les bases de l'alliance *franco-russe* furent définitivement posées. La France était portée à conclure cette alliance par la conviction qu'elle avait alors d'être sous le coup d'une nouvelle guerre et d'un nouveau démembrement de la part de l'Allemagne et de la Triplice. Il faut donc faire remonter l'origine véritable de cette alliance à l'annexion de l'Alsace-Lorraine, cette grande faute commise par Bismarck lors de la conclusion du traité de Francfort, faute qu'il a avouée depuis et qui subsistera aussi longtemps que subsistera l'annexion elle-même.

Dispositions pacifiques actuelles.

Une méfiance réciproque rendit impossible, pendant de longues années, toute tentative de rapprochement entre la France et l'Allemagne. En Allemagne même, l'enseignement donné dans les écoles avait pour but, certainement, de fomenter la haine contre la France. Les guerres de la France contre l'Allemagne, l'acquisition de l'Alsace et de la Lorraine par la France, y étaient décrites sous le plus mauvais aspect; les faits historiques étaient souvent dénaturés et falsifiés. La France devint l' « ennemi héréditaire », bien qu'il n'existât aucune raison de la considérer comme telle.

L'opinion publique, en Allemagne, a été de la sorte, et jusqu'en ces derniers temps, entretenue dans un état d'animosité vraiment singulière à l'égard de la nation voisine. Depuis quelques années cependant, il s'est produit à cet égard un revirement remarquable dans certains centres allemands. On y a entendu exprimer le désir de voir un rapprochement s'effectuer entre les deux pays. Certains même n'ont point craint de discuter l'opportunité d'une alliance franco-allemande.

Les Allemands ont toutefois, jusqu'ici, laissé entendre que ce rapprochement ne pourrait avoir lieu que sur les bases du respect des « faits accomplis ». Les Français, de leur côté, tout aussi logiques avec eux-mêmes, ont déclaré qu'aucune entente ne serait possible, aussi longtemps que l'Alsace-Lorraine demeurerait « terre d'empire », ou, en d'autres termes, qu'aucune tentative de rapprochement ne pouvait être faite sur les bases du « statu quo », les provinces réclamées faisant partie intégrante du territoire français, et leur annexion à l'Allemagne ayant élevé entre cet État et la France un mur infranchissable, dressé comme un obstacle permanent à toute alliance.

J'ai entendu, il est vrai, un négociant suédois, domicilié depuis longtemps en France, dire que la majorité des Français ne se souciait plus guère, à l'heure actuelle, de l'Alsace, et que seuls, un petit nombre de politiciens ou de littérateurs en parlaient encore, mais que la masse demandait avant tout la tranquillité et la paix pour l'amélioration des affaires, et le bien général de l'État.

Cette manière de voir ne saurait être considérée que comme l'expression de la pensée d'une petite minorité dont l'indifférence, sur cette question, provient d'un malentendu qui a longtemps fait dépendre les revendications françaises d'une guerre de revanche.

J'ai entendu au contraire, dernièrement, des Français éclairés, qui n'étaient ni des politiciens ni des littérateurs, affirmer qu'il n'y a pas un seul de leurs compatriotes qui n'ait à cœur tout ce qui a trait à la question d'Alsace-Lorraine, et ne nourrisse le secret espoir de voir se modifier la situation des provinces annexées. Je suis convaincu que cette opinion est fille de l'idée exprimée par Gambetta : « Pensons-y toujours, mais n'en parlons jamais. » Ce qu'il y a cependant de tout à fait certain, c'est que l'opinion publique en France est depuis longtemps *disposée à entretenir la paix avec l'Allemagne* et se montre *opposée à toute guerre de revanche, pour reconquérir l'Alsace-Lorraine.*

Des Alsaciens qui se sont fixés à Paris peu de temps après l'annexion, m'ont dit que s'ils avaient désiré, pendant les dix ou quinze années qui suivirent la guerre, une revanche par les armes, ils avaient fini par se convaincre de l'absurdité de ce projet et des dangers qu'il comportait, et qu'ils ne désiraient plus maintenant qu'une solution pacifique, par les voies diplomatiques. Beaucoup de Français m'ont déclaré que si l'on soumettait actuellement au vote populaire la question de savoir s'il faut déclarer la guerre pour reprendre les provinces perdues, il n'y aurait qu'un nombre insignifiant de nationalistes tapageurs qui se prononceraient en faveur de cette guerre.

S'il y a encore, en France, un grand nombre de personnes nettement hostiles à l'Allemagne, à cause de l'annexion, et prêtes à se livrer à des manifestations si l'empereur allemand tentait de venir à Paris, il n'en est pas moins certain que la France veut la paix. Mais la France veut une paix véritable et réelle. Or, celle qui a été créée par le traité de Francfort ne peut pas être considérée comme telle par tous ceux qui la regardent comme une « paix armée », c'est-à-dire comme une « paix trompeuse » qui n'a produit qu'un état de choses *comparable à la guerre!*

La question d'Alsace-Lorraine n'est point morte! Non, la France n'a pas renoncé à revendiquer ces parties de son territoire. Y renoncer, ce serait d'ailleurs, pour elle, renoncer à elle-même, en renonçant à ses traditions; ce serait, comme l'ont dit les patriotes les plus distingués, diminuer, rapetisser la France elle-même !

II

IDÉES FAUSSES AYANT COURS SUR LA NATIONALITÉ DES ALSACIENS-LORRAINS ET SUR LE DROIT DIT HISTORIQUE

Lorsque le Reichstag allemand, en 1886, examinait les projets du gouvernement qui proposait d'augmenter les effectifs de l'armée, de Moltke, avec une conviction que partageaient la plupart des députés, prononça ces paroles : « On nous a conseillé de nous entendre avec la France. Mais si nous ne pouvons pas y arriver, *à qui sera la faute ?* Aussi longtemps que l'opinion publique en France exigera impérieusement la cession de deux provinces essentiellement allemandes, et que nous serons fermement décidés à ne pas les rendre, un accord avec la France sera presque impossible. »

L'opinion courante, en Allemagne, depuis 1870, peut être résumée dans ce qu'écrivait *l'Allgemeine*

Zeitung de Munich, en novembre 1900 : « L'Alsace-Lorraine qui, pendant huit siècles, a appartenu à l'empire allemand et a été reconquise au prix des plus grands sacrifices, doit pour toujours appartenir à l'Allemagne. »

Il est tout aussi peu scientifique, que d'une mauvaise politique, de prétendre que les Alsaciens et les Lorrains doivent faire partie de l'empire allemand à cause de leur origine *partiellement* allemande. Il faut oublier, pour penser ainsi, qu'ils étaient devenus essentiellement français, n'ayant plus eu, depuis longtemps, de rapports avec l'Allemagne, contre laquelle ils se sont battus, maintes fois, pour la France.

Une semblable théorie ne pouvait d'ailleurs être appliquée à la Lorraine française; c'est cependant, sous le même prétexte, que l'on a exigé l'incorporation de ce pays à la « patrie allemande »!

Le professeur Dehlbrück, au commencement de 1890, faisait, dans les *Preussische Jahrbücher*, une certaine concession, et proposait de *renoncer à la partie française de la Lorraine incorporée avec Metz*. On a attribué la même pensée à Bismark. Comme compensation du sacrifice qu'elle aurait ainsi fait, l'Allemagne aurait reçu le Grand Duché « sans maître », c'est-à-dire le Luxembourg, terre vraiment allemande, ayant fait partie de la confédération germanique jusqu'à sa dissolution en 1866, mais déclarée neutre, en 1867, à l'instigation des grandes puissances.

Cette proposition fut reprise en 1898 par un Bavarois, le docteur H. Molenaar, un partisan sincère de la paix, et d'une alliance franco-allemande. Le docteur Molenaar était d'avis, que l'Alsace seule devait continuer à faire partie intégrante de l'empire d'Allemagne, à cause de sa langue, qui est l'allemand. « Qui parle français, appartient à la France ; qui parle allemand, appartient à l'Allemagne », écrivait-il.

S'en rapporter exclusivement au langage, pour décider de la nationalité d'un groupe d'individus, est une manière de voir qui, si elle est juste dans bien des cas, n'est pas toujours applicable. Elle ne l'est pas précisément en ce qui concerne l'Alsace. Mais, quoi qu'il en soit, cette façon de résoudre la question d'Alsace-Lorraine ne fut approuvée, ni en France, ni en Allemagne, et l'un des arguments qui pouvaient servir à la combattre était le fait de l'immigration à Metz de nombreux Allemands.

∴

On a fait valoir, souvent, en Allemagne, que les Alsaciens sont un *peuple vraiment allemand*, et qu'ils doivent appartenir à l'empire allemand en vertu du *droit historique*.

Cependant l'histoire, appelée en témoignage, fournit des arguments dans les deux sens, véritable épée à deux tranchants. Celui qui s'efforce impartialement d'y trouver la vérité, ne trouve que des solutions divergentes.

L'Alsace était à l'origine une partie de l'ancienne *Gaule;* sa population se composait de *Celtes*,... pour ne parler que des populations qui ont laissé un nom dans l'histoire...

Après la conquête romaine, sous Jules César, ce pays appartint pendant environ 500 ans à l'empire romain. Les Romains y fondèrent plusieurs villes, notamment Strasbourg, qui portait alors le nom d'Argentoratum, et qui fit partie de l'empire romain pendant près de 300 ans. L'Alsace fut alors complètement soumise à l'influence romaine, et la population devint en partie celto-romaine.

Les hordes germaniques passèrent plusieurs fois le Rhin, et s'efforcèrent de prendre pied en Alsace; mais ce fut vainement, elles furent toujours repoussées au delà.

Les Alamans, qui se donnaient le nom de Soua bes, furent battus en 280 par l'empereur Probus et perdirent plusieurs milliers d'hommes. Ils furent vaincus également, au cours d'une nouvelle invasion, en 357, par Julien, auprès de Strasbourg. Ce ne fut que cent ans plus tard, environ, alors que l'empire romain commençait à se désagréger, soit au milieu du ve siècle, qu'ils parvinrent à se rendre maîtres de l'Alsace.

Ils ne conservèrent pas longtemps leur possession : les Francs de Clovis les battirent en 496 à Tolbiac, près de Cologne; après quoi, l'Alsace appartint au royaume franc jusqu'au ixe siècle, restant pendant toute cette époque, gauloise ou welche.

La Lorraine avait aussi, à l'origine, une population celte, qui fut également soumise à l'influence romaine, et tomba sous la domination des Francs, lors de leur invasion. Comme en Alsace, l'ancienne population se mêla peu à peu à l'élément germanique, mais le peuple, qui cultivait la terre, resta celte.

Les nouveaux conquérants n'avaient aucun goût pour le travail, et leur nombre était restreint, par rapport à la population indigène; en sorte que, s'ils dominèrent par leur puissance extérieure, ils n'exercèrent guère d'influence sur la vie intérieure et sur le développement de la population.

De la longue domination des Francs, il ne resta plus tard que le nom de « France » : les anthropologues ont découvert, en effet, que la race franque avait complètement disparu au xe siècle.

A la même époque, on trouvait encore en Alsace la trace des tribus celtes qui occupaient déjà le pays au temps des Romains; c'est-à-dire les Sequanes, les Mediomatrices, les Rauraci, etc.

Si l'on en croit les autorités allemandes, le nom d'Alsace — *Elsass* en allemand — qui fut donné à cette contrée par les Allemands, proviendrait du mot *Eli*, qui voulait dire « étranger », et du mot *Sass*, qui signifie « le siège ».

Ils auraient entendu désigner par là, le *pays étranger* où demeuraient leurs alliés.

Après les nombreuses dissensions intestines, et les partages de territoires qui précédèrent l'unification du royaume faite sous Pépin le Bref; après l'établissement par Charlemagne, fils de ce dernier, de son empire sur l'Allemagne comme sur la France; après la séparation définitive de ces deux pays, qui eut lieu par le traité de Mersen, en 870, l'Alsace et la Lorraine allemande passèrent sous le sceptre de Louis le Germanique, et ce fut alors seulement que les populations de ces contrées commencèrent à parler allemand.

L'Alsace fut réunie au Duché de Souabe en 1096, et appartint jusqu'en 1648 à la Maison d'Autriche. Un grand nombre d'Allemands vinrent, pendant ce temps, se fixer dans le pays qui se germanisa peu à peu.

Sous la vigoureuse dynastie des Hohenstaufen, l'empire allemand progressa et prospéra, mais lorsqu'elle s'éteignit en 1254, l'ère de prospérité prit fin, et pendant l'époque funeste du *Grand Interrègne* — (l'Allemagne sans empereurs) — pendant les vingt années où il n'y eut pas de chef d'État, la guerre civile fit rage partout.

Les liens qui unissaient l'Alsace à la Souabe, l'ancien Duché de la Maison d'Autriche, furent rompus : l'Alsace divisée tomba sous la domination d'une multitude de princes, parmi lesquels l'évêque de Strasbourg. Il y eut également dix villes libres d'Empire, qui en 1353 s'unirent pour former la Décapole, union dont fit partie Mulhouse avant de s'unir à la confédération suisse.

La Maison de Habsbourg, à partir de l'année 1273, transporta le centre de sa puissance en Autriche, et négligea l'Alsace, dont les villes libres n'appartenaient plus à la Maison d'Autriche, mais dépendaient directement du Saint-Empire, et de l'Empereur, qui s'y faisait représenter par un bailli, investi en réalité d'une très médiocre influence.

L'autorité de l'Empereur finit même par disparaître tout à fait, celui-ci ayant été incapable de la faire respecter, au cours des guerres civiles, entremêlées d'invasions étrangères, qui désolèrent la plus grande partie de l'Alsace et de la Lorraine, du xive au xviie siècle.

La France, dont la puissance pendant ce temps n'avait fait que grandir, et qui, depuis le règne de Henri IV, était en relations continuelles avec les protestants d'Allemagne, l'ennemi commun étant la Maison d'Autriche, devint peu à peu la protectrice des deux provinces, qui lui demandaient souvent son aide et son assistance. La guerre de Trente Ans provoqua, comme l'on sait, une alliance entre la France, le Danemarck et la Suède. Puis, les victoires de Gustave-Adolphe donnèrent lieu à l'occupation de la Lorraine par les troupes françaises en 1633. Enfin, à la suite de la guerre de dévastation que les Suédois firent en Alsace contre les Impériaux, les points les plus importants de cette province tombèrent au pouvoir des Français, conformément à un traité conclu avec le chancelier du royaume de Suède, Axel Oxenstjerna. Par les traités de Westphalie, en 1648, la Maison d'Autriche céda à la France la partie de l'Alsace qui lui appartenait. Le reste du pays, Strasbourg compris, fut incorporé par Louis XIV qui en conserva la possession de 1674 à 1697. Ces nouvelles annexions furent d'ailleurs ratifiées par le traité de Ryswick en 1697 et par le traité d'Utrecht en 1713.

Ainsi, ce fut en vertu d'un même intérêt que la France s'allia avec un certain nombre d'États allemands pour combattre la Maison d'Autriche. Et ce fut par suite de cette alliance que l'Allemagne fut délivrée du joug de l'Autriche. *L'Allemagne avait, de la sorte, contracté vis-à-vis de la France une dette de reconnaissance. Elle est mal fondée, semble-t-il, à se plaindre de l'annexion de l'Alsace dans ces conditions,* car cette annexion était nécessaire, tant pour obliger l'Empereur à respecter l'équilibre européen, que pour constituer un gage et une garantie de l'affranchissement politique et religieux de l'Allemagne.

La Lorraine, d'autre part, était devenue de fait, sinon en droit, depuis 1633, une véritable province française, gouvernée par des ducs, administrée par des agents français.

Elle fut cédée à la France, en 1735, par l'Autriche, en échange de la Toscane. Elle passa ainsi sous le sceptre du beau-père de Louis XV, l'ancien roi de Pologne, Stanislas Leczinski. C'est à la mort de ce dernier, qu'elle fut réunie définitivement à la France.

La domination française en Alsace fut, dès l'origine, empreinte de beaucoup de sagesse et de tolérance. La population ne fut pas violentée dans son sentiment national; aucune mesure de rigueur ne vint restreindre l'usage de la langue qu'elle parlait : le gouvernement se borna à veiller à l'ordre et sur le bien matériel des habitants, mais avec tant de sollicitude et de tact, que le bien-être le plus complet ne tarda pas à régner dans les contrées nouvellement annexées.

Il ne peut y avoir aucun doute à ce sujet; le savant ouvrage de R. Reuss, ancien bibliothécaire à Strasbourg, paru récemment et intitulé : *l'Alsace au XVIIe siècle*, en contient d'abondantes preuves, et est riche en documents de toutes sortes qui viennent l'attester.

Mulhouse, que la paix de Westphalie avait reconnu faire partie de la confédération suisse, demanda volontairement, et obtint, sa réunion à la République française en 1798. L'Allemagne, pendant plusieurs siècles, n'eut donc aucun droit à prétendre sur cette ville importante [1].

---

[1] La publication « Das Reichsland Elsáss-Lothringen-Landes und Ortsbeschreibung » faite par le bureau de statistique du Ministère d'Alsace-Lorraine, donne, aux pages 87 à 89 de la première partie, les informations suivantes sur les signes caractéristiques de la race en Alsace-Lorraine.

« Le type dolichocéphale pur existe à peine. La proportion des brachycéphales, qui est d'environ trois quarts pour la Basse-Alsace, est plus grande dans la Haute-Alsace et encore plus grande dans la Lorraine.

« De la statistique de Virchow, relative à la couleur des yeux et des cheveux, observée sur 212,258 enfants des écoles, il résulte, si on laisse de côté les types intermédiaires et exceptionnels, que, pour toute l'Alsace-Lorraine, le type blond (yeux bleus, cheveux blonds) est au type brun (yeux bruns, cheveux bruns ou noirs) dans la proportion de 18,44 à 25,21. C'est en Lorraine que le type blond est relativement le plus répandu (19,18 blonds contre 23,01 bruns), et dans la Haute-Alsace qu'il est le moins fréquent (17,75 blonds contre 26,63 bruns). »

Ainsi les Allemands eux-mêmes sont obligés de reconnaître que le type germain est en minorité dans la population alsacienne-lorraine.

(*Note du traducteur.*)

La Grande Révolution Française agit de la façon la plus décisive sur la situation de l'Alsace et de la Lorraine à l'égard de la France. Elle abolit le régime féodal, fit disparaître les privilèges de la noblesse, et fit régner l'égalité entre tous les citoyens. Quiconque était français, eut dès lors les mêmes droits, quelle que fût sa religion, quelle que fût l'origine de sa naissance. On ne tint plus compte que des mérites personnels, et, sous cette seule condition, chacun fut capable de remplir n'importe quelle charge civile ou militaire.

La Révolution accomplit d'importantes réformes dans l'administration de la justice; elle imprima un nouvel essor au commerce et à l'industrie, elle affranchit enfin le peuple d'une foule de charges et de servitudes.

L'Alsace eut, sous Napoléon I*er*, un excellent préfet, M. Lezay-Marnesia; sous son administration dévouée et intelligente, la prospérité et le bien-être de la province atteignirent leur apogée.

C'est ainsi que la Révolution resserra les liens qui unissaient l'Alsace à la France. Jusqu'à ce moment l'Alsace avait joui d'une certaine autonomie, à partir de ce moment elle fit vraiment partie intégrante de la France.

Les brillantes campagnes de Napoléon, bien que longues et sanglantes, fournirent bientôt aux Alsaciens l'occasion de prendre leur part dans les gloires de la France. Une foule d'Alsaciens et de Lorrains s'y distinguèrent; nous citerons seulement Kléber, Kellermann, Rapp, Ney, Oudinot.

Pendant toute cette période, la France apparut puissante, et fortement unie. A la même époque, l'empire allemand, affaibli et diminué par les perpétuelles querelles de la Prusse, de l'Autriche, et des petits États, soumis encore à un régime social arbitraire et despotique, n'exerçait aucune attraction.

Les États allemands déclarèrent la guerre à la France pour obliger les Français à subir de nouveau le joug dont ils s'étaient affranchis. Alors disparut tout à fait ce qui avait pu demeurer du caractère allemand chez les Alsaciens ou les Lorrains, qui de ce moment se prirent à mépriser et à détester les Allemands. C'est en Alsace que se massèrent les troupes françaises avant de marcher contre l'ennemi allemand; c'est à Strasbourg que la Marseillaise fut composée; ce sont des Alsaciens qui ont chanté les premiers cet hymne magnifique, hymne qui devait conduire la France à tant de victoires contre la tyrannie, et devint, finalement, le chant national français.

Beaucoup d'Alsaciens ou de Lorrains, devenus généraux, étaient sortis des rangs du peuple; cependant les bourgeois, aussi bien que les paysans, étaient fiers d'avoir servi sous les drapeaux français.

Lorsque les troupes allemandes franchirent le Rhin en 1814, les populations d'Alsace et de Lorraine se montrèrent hostiles à l'idée qu'on pût les séparer de la France. Malgré la langue parlée, chacun se sentait français. Il n'y avait plus aucun sentiment commun avec l'Allemagne. Nul ne voulait entendre parler d'une séparation d'avec la France; et ce fut en vain que la Prusse la proposa au Congrès de Vienne.

Jusqu'en 1870, les liens qui unissaient l'Alsace et la Lorraine à la France ne firent que se fortifier.

Chaque jour l'éducatton devenait de plus en plus française; ceux qui parlaient encore allemand en 1869, — alors que se posait la question de la conservation de la langue allemande dans leur pays, — disaient qu'ils avaient sans doute la religion et le langage de leurs aïeux, mais qu'ils étaient *Français par leur nationalité et par leur patriotisme.*

C'est un fait d'expérience bien connu, que, quand des peuples d'une même origine se trouvent désunis et séparés, les uns devenant des états libres, les autres fusionnant avec d'autres peuples, il ne tarde pas à s'établir entre eux de telles différences, sous l'influence de toutes les causes politiques et sociales dont ils subissent la réaction, qu'ils finissent par constituer des nations complètement différentes.

Il se forme ainsi, par l'action des agents mêmes qui contribuent à leur civilisation, des *races sociologiques*, dont les traits caractéristiques sont certaines *qualités mentales* particulières, provenant de ce que leur *matière cérébrale* n'a pas reçu la même culture.

La population de l'Alsace qui était d'origine celte et qui devint celto-romaine pendant l'occupation romaine, fut germanisée en partie, quant à la langue et quant aux coutumes du moins, pendant le moyen-âge, où elle se trouva mélangée aux envahisseurs germains. Elle prit ainsi l'aspect extérieur d'un peuple de race allemande. Au cours des invasions qui suivirent, et des troubles politiques qui furent la conséquence des morcellements du royaume Carolingien, la fusion entre la population indigène et les éléments germaniques se fit plus intime encore. Mais quand l'Alsace fut réunie à la France, il se reforma peu à peu, en dépit des signes extérieurs d'une civilisation allemande, manifestée tout particulièrement par le dialecte alsacien, une nouvelle nationalité, où l'origine gauloise s'affirma de nouveau. La Révolution française ayant amené une fusion complète entre les Alsaciens et les Français, il y eut, à partir de cette époque, une race *sociologique française* composée de *Français d'âme et de cœur*. Ces nouveaux Français aimaient et admiraient d'autant plus leur patrie que, c'était par leur union avec elle, qu'ils avaient obtenu la prospérité économique, la liberté et l'égalité.

..

On ne peut pas invoquer le temps où l'Alsace-Lorraine fut soumise à la domination romano-germanique, pour s'en servir comme d'un argument en faveur de la réunion de ces pays à l'Allemagne contemporaine. Si quelque « puissance » pouvait tirer de ce fait des « droits historiques » en sa faveur, ce serait exclusivement la monarchie des Habsbourg ; mais celle-ci a été exclue en 1866 du nouvel empire allemand, et déjà à cette époque elle avait perdu tout droit sur l'Alsace.

On ne saurait enfin, sans erreur, comparer l'état politique de l'Europe avant les traités de Westphalie, avec l'état de l'Europe avant la guerre de 1870.

Ce n'est pas par des recherches historiques de cette nature que l'on peut arriver à résoudre la question d'Alsace-Lorraine. Nous devons nous en tenir aux événements qui se sont passés dans les provinces annexées, au cours des derniers siècles.

Il faut laisser de côté tout argument, toute démonstration empreinte de chauvinisme. Il s'agit de la solution de la plus importante question qui ait été jamais soumise à l'Europe tout entière. C'est dans les principes du droit des gens, dans ceux qui ont présidé à la formation des sociétés modernes, qu'il faut rechercher, par une étude consciencieuse et approfondie, les facteurs essentiels et les éléments primordiaux qui doivent régler les rapports de la France et de l'Allemagne.

Ce fut sous l'influence de l'ivresse causée par la victoire, que fut exigée l'annexion de l'Alsace et de la Lorraine. Bismarck se laissa entraîner à commettre une des plus grandes fautes politiques que l'histoire ait enregistrées, en cédant aux considérations stratégiques, que faisait valoir de Moltke, tout seul. Il commit cette faute, sans tenir compte des principes les plus élémentaires du droit et de la justice; sans s'arrêter même à cette considération purement pratique, qu'il y avait intérêt à ne point humilier la nation française, qu'il était utile de ménager son amour-propre national, qu'il fallait ne point blesser chez les Alsaciens leur amour de la liberté, comme on l'a fait, au contraire, en imposant l'annexion comme condition de la paix.

Le chancelier de fer avait suivi une politique beaucoup plus sage, en 1866, après Sadowa, quand Guillaume, grisé par le succès, émit la prétention d'annexer la Saxe et Vienne pour humilier l'Autriche.

L'armée prussienne, sur l'ordre du roi, marchait déjà contre Vienne. Bismark, avec le prince royal Frédéric, accourut auprès de son souverain, le réveilla, en pleine nuit, et le força, en quelque sorte, à renoncer à commettre cette faute dont l'accomplissement eût empêché la Prusse de pouvoir compter ultérieurement sur l'amitié de l'Autriche, que le vainqueur s'acquit, au contraire, par sa modération.

Si Bismarck, en 1871, avait obéi seulement aux inspirations de la sagesse, — laissant même de côté les principes du droit, — s'il avait bien voulu se rappeler que ce fut la neutralité de la France, garantie par Napoléon III, qui avait permis à la Prusse d'obtenir Sadowa; il n'aurait pas fait insérer, dans le traité de Francfort, les clauses relatives à la fatale annexion; il se serait contenté de prélever sur la France la colossale indemnité de guerre qui lui fut imposée!

Au lieu d'agir avec cette sagesse, il sacrifia les véritables intérêts de l'Allemagne en blessant à tout jamais le sentiment des populations françaises, alsaciennes et lorraines, pour satisfaire maladroitement l'ambitieuse politique du parti militaire.

Il crut peut-être que les Alsaciens et les Lorrains formaient un peuple allemand ; il rêva peut-être, rêve chimérique, de prendre une revanche des victoires françaises et suédoises de la guerre de Trente Ans, et d'en faire disparaître la trace en réunissant de nouveau l'Alsace à la patrie allemande; mais il avait oublié une chose, c'est que tout s'était transformé depuis la guerre de Trente Ans, et que l'empire allemand lui-même n'était plus ce qu'avait été le Saint-Empire.

III

LES ALSACIENS ET LES LORRAINS ONT-ILS ÉTÉ GAGNÉS A L'ALLEMAGNE ?

Ce qu'ils en disent eux-mêmes.

Lorsqu'il fut question de l'abrogation du paragraphe concernant la dictature (juin 1902), le Conseil fédéral allemand affirma que « avec le cours des années les esprits s'étaient calmés au point que l'autorité extraordinaire donnée au gouverneur n'avait plus la même utilité. La population n'est plus mal disposée, comme pendant les premières années, vis-à-vis de l'élément allemand ; la majorité se considère comme *définitivement réunie à la grande famille allemande.* »

Voilà le langage officiel en Allemagne !

On en est loin, si l'on écoute parler les Alsaciens-Lorrains eux-mêmes. Le conflit n'est point à l'état aigu, c'est certain ; mais il n'en est pas moins évident que la majorité des annexés ne se croit pas du tout réunie au sein de sa famille nationale et aspire, au contraire, au retour vers la France qu'elle considère comme sa véritable patrie.

C'est ce que je viens affirmer, en me fondant sur les déclarations les plus catégoriques que j'ai reçues lors de mon passage en Alsace au mois de juin 1902. Une foule d'Alsaciens, financiers, savants, médecins, publicistes, ouvriers, etc., m'ont tous affirmé que si l'on soumettait à un referendum la question du droit d'option entre la France et l'Allemagne, *la population indigène, tout entière,* à l'exception des immigrés allemands, voterait *pour la France.*

Il va sans dire que je ne puis citer de nom à l'appui de ce que je viens de dire; j'exposerais presque certainement ceux que je nommerais à des représailles et à de sérieux ennuis. Je dois donc me borner à affirmer la sincérité de ce qui m'a été dit, et que ceux qui se sont exprimés de la sorte devant moi n'étaient ni des agitateurs chauvins, ni des partisans d'une revanche à outrance.

Il est intéressant de voir comment les Alsaciens et les Lorrains sont arrivés à former une des meilleures « *populations frontières* » de l'Europe, en réunissant les meilleures qualités des Français et des Allemands. Ils ont l'esprit pratique; ils sont endurants et industrieux; leur caractère est énergique et fidèle; leur humeur est pacifique, bien qu'ils soient capables de faire preuve de beaucoup de courage et qu'ils aient des aptitudes militaires très marquées.

Patriotes, au sens le plus élevé de ce mot, ils se distinguent encore par leur vif amour de la liberté, qu'ils ont puisé dans leur union avec la France; et dont l'effet est de leur rendre insupportable toute espèce de despotisme ou de morgue gouvernementale.

Telles sont les raisons pour lesquelles les populations de l'Alsace et de la Lorraine ne peuvent pas s'accommoder de la domination allemande et de ses lois d'exception. Les rigueurs de l'Administration et les tracasseries de la police, leur font sans cesse jeter un regard en arrière, vers le temps où elles étaient françaises, vers le temps où elles voyaient les plus hautes fonctions de l'administration civile, les plus hauts postes de l'armée occupés par des hommes qui sortaient de leur sein.

Ce qui continue à relier intimement les Alsaciens et les Lorrains à la France, ce sont les traditions, l'histoire, les qualités du caractère national français, la législation française, la liberté donnée aux citoyens par les lois françaises, les liens de famille, etc., etc.

En dépit du fait que l'administration allemande pourrait servir de modèle, ainsi que l'a reconnu devant le Reichstag l'un des représentants de Mulhouse, et bien que l'administration française se soit montrée souvent trop méticuleuse, les populations annexées n'en gardent pas moins toutes leurs sympathies pour la France.

Ceux qui vivent actuellement dans le Reichsland sont fiers de ce que leurs ancêtres ont pris part aux brillants succès de la France. Les Français leur plaisent davantage que les Allemands, parce qu'ils les trouvent plus affinés et moins rudes.

Comme jadis, on se vante encore aujourd'hui d'avoir fait ses études en France; on en est plus fier que d'avoir été instruit en Allemagne.

On peut affirmer, qu'à l'heure actuelle, les annexés se considèrent avant tout comme des « *Alsaciens* » ou des « *Lorrains* » parce qu'ils ne se sentent pas allemands, et parce qu'ils ne peuvent pas être français. Ce qui leur tient le plus à cœur, pour le moment, c'est leur pays d'origine, leur pays natal. Comment, d'ailleurs, pourrait-il en être autrement?

On ne doit pas nier, non plus, que, bien que les sympathies des annexés restent acquises à la France, il s'est produit une certaine amélioration dans les rapports avec l'Allemagne. En 1887 encore, on ne choisissait, comme députés au Reichstag, que des « *protestataires* ». Plus tard, les mesures de rigueur ayant diminué, et la police s'étant faite moins tracassière (1891), la protestation prit une forme moins accusée. Ce n'était pas par sympathie pour l'Allemagne, mais parce qu'on se rendait compte de l'inutilité des efforts faits jusqu'alors.

J'ai entendu dire, il est vrai, en Alsace par un publiciste allemand, que les députés de l'Alsace-Lorraine au Reichstag étaient maintenant tous « germanophiles ».

Mais cela n'est qu'une *fantaisie* inspirée par le chauvinisme. Il n'y a, à proprement parler, de *germanophiles*, que les Allemands immigrés; tous les

Alsaciens me l'ont répété. La vérité, c'est qu'il s'est trouvé, parmi les anciens habitants de ces pays, des natures paisibles comme il s'en trouve partout, du reste peu faites pour l'opposition, aimant à prendre la vie par les côtés pratiques, qui ont accepté des emplois comme moyens d'existence, etc. Ils n'ont aucune prévention contre les Allemands, en tant qu'Allemands; ils voient, au contraire, en eux un peuple apparenté à leur propre race, et l'on comprend très bien, dans ces conditions, qu'il leur arrive d'employer à leur égard des expressions de cordialité.

Un Alsacien, pasteur protestant, très épris de l'Allemagne, me déclarait un jour que tous les Alsaciens, « comme allemands » sont dévoués à la « patrie allemande ». Je fis part du propos à deux Alsaciens très au courant, tous les deux, des sentiments du peuple; ils en furent extrèmement surpris. L'un d'eux me dit : « Il n'y en a pas un sur mille qui partage cette opinion »; l'autre rectifia : « Il n'y en a pas un sur dix mille. » Ils émirent des doutes sur la nationalité de ce pasteur et me dirent, qu'en tout cas, le fait était moins surprenant de la part d'un membre du clergé protestant, ce clergé s'étant, en général, montré favorable à la germanisation, tandis que le clergé catholique restait fidèle à la France.

On peut donc affirmer, que si quelques annexés sont devenus « allemands par force [1] », aucun d'entre eux n'est devenu » allemand par goût [2]. »

[1] « Muss-deutsch ».
[2] « Hurrah-deutsch ».

La « *fidélité allemande* » dont parlait le chancelier de Bülow, en demandant l'abrogation du paragraphe de la dictature, n'est en réalité que le signe extérieur de la *parfaite loyauté* avec laquelle les annexés subissent le joug allemand, *sans nourrir aucun projet révolutionnaire*.

.·.

Quel était l'état des esprits, immédiatement après l'annexion? Un médecin, âgé aujourd'hui, me le décrivit de la façon suivante : « On ne voulait pas appartenir à l'Allemagne, mais on ne pouvait rien faire à l'encontre. *Il fallait vivre;* innombrables étaient les industriels, les propriétaires fonciers, les propriétaires usiniers, les médecins, etc., qui ne pouvaient quitter le pays et étaient tenus d'y continuer l'exercice de leur profession, pour assurer leur existence et celle de leur famille. On a d'ailleurs une tendance à ne point quitter le lieu qui vous a vu naître, à ne point se séparer de ses souvenirs, de ses attaches de famille, de la tombe des siens; autant de liens qui ont contribué à retenir beaucoup d'annexés à leur foyer. « Certains d'entre nous avaient perdu pendant la guerre des fils, des frères, un père; cela contribua pendant longtemps à entretenir la haine contre l'Allemagne. Mais on ne pouvait lutter éternellement! Bien que tous aient continué à protester; soient restés des *protestataires*, les sentiments extrêmes ont fini par s'atténuer! Cela ne signifie pas que les *Alsaciens soient satisfaits* du nouveau régime; cela signifie simplement, qu'ils se sont *résignés*, et qu'ils supportent maintenant *avec plus de patience* la domination allemande, sans oublier cependant la France, que la plupart d'entre eux aiment tout autant que jadis.

Il arrive qu'on en est réduit parfois à feindre devant les autorités, et qu'il nous faut « *embrasser ceux qu'on voudrait anéantir* ».

Le siège et la dévastation de Strasbourg, en 1870, sont l'un des motifs les plus forts de la haine que les Alsaciens ont acquise contre les Allemands. Pendant cinq semaines[1], Strasbourg fut bombardé jour et nuit; les canons ennemis y lancèrent près de 200,000 projectiles; 600 maisons furent brûlées; la plupart des bâtiments publics furent réduits en cendres; la bibliothèque fut incendiée; la vieille cathédrale fut en partie brûlée, et grandement endommagée; 1100 personnes furent blessées; 300 furent tuées!

Un chroniqueur allemand écrivit au sujet de la capitulation: « Un silence de mort régnait dans la ville, partout des ruines amoncelées; partout des visages bouleversés par la *colère* et par la *haine; partout, sur tous les visages*, l'expression de l'aversion la plus *profonde contre les Allemands!* »

Les Allemands ont cherché à faire de la « propagande par l'image » en faveur de la réconciliation. On a placé, par exemple, dans la gare du chemin de fer,

---

[1] Du 3 août au 27 septembre 1870.

à Strasbourg, un grand tableau qui représente la visite de Guillaume Ier à cette ville en 1877, où l'on a fait figurer un groupe de campagnards alsaciens en costume national venus pour saluer le souverain. Ce tableau a été reproduit en cartes postales, mises en vente un peu partout. Mais cette image ne peut vraiment tromper que les Allemands.

L'abrogation de la dictature a été aussi un prétexte pour répandre sur le marché de nouvelles cartes postales, qui représentent, celles-là, de jeunes Alsaciennes, paraissant heureuses d'accepter la main de soldats allemands! L'abolition de la dictature a procuré certainement aux annexés un certain soulagement dans leurs humiliations; ils l'ont reconnu. Mais c'était par simple politesse officielle, que les représentants de l'Alsace en exprimaient leur satisfaction au gouvernement. On se tromperait si l'on y croyait trouver l'expression d'une reconnaissance sincère et d'un attachement quelconque à l'Allemagne.

Ce qui a été regardé par les Allemands comme une grande grâce, n'a été accepté par les Alsaciens, opprimés depuis trente-deux ans, que comme l'acquittement d'un devoir. Plusieurs journaux alsaciens annoncèrent l'évènement sans aucun commentaire, et sans y joindre la moindre expression de gratitude.

Cette abrogation du paragraphe de la dictature n'a pas fait disparaître toutes les mesures vexatoires; la plupart ont subsisté, par exemple toutes les lois d'exception relatives au *droit de réunion et à la liberté de la presse.*

Le droit de réunion n'existe que théoriquement ; la police peut intervenir quand bon lui semble, et dissoudre l'assemblée, ou empêcher de parler ceux qui lui paraissent suspects. C'est ainsi qu'elle agit toujours à l'égard de ceux qui lui sont connus pour s'exprimer avec trop de franchise. La police use de la même rigueur à l'égard de certains socialistes. Bebel, on s'en souvient, n'eut pas la permission de prendre la parole à Metz, bien qu'on y eût posé sa candidature au Reichstag.

Des ouvriers, les typographes, par exemple, ont à plusieurs reprises adressé des pétitions au gouvernement en vue d'obtenir l'autorisation de se réunir en assemblées pour traiter de leurs intérêts professionnels; cette autorisation leur a toujours été refusée.

La liberté de la presse a été restreinte par l'obligation de fournir une caution, et d'effectuer un dépôt de 20,000 marcks à titre de garantie pour l'exploitation du journal. L'entrée des journaux étrangers peut toujours être interdite ; on peut également empêcher la circulation de tout écrit renfermant des passages désagréables pour l'autorité ! Les journaux sont tenus à la plus grande réserve; chaque mot est pesé et soupesé ! Et cependant cela n'a pas empêché un publiciste allemand de m'affirmer que la presse jouissait de la plus entière liberté !

L'autorité estime-t-elle qu'un journal a contrevenu, de quelque façon, à la loi sur la presse, aussitôt son tirage est arrêté, et le cautionnement confisqué ! Notons, à titre d'exemple, qu'il est absolument défendu de parler du traité de Francfort !

On a souvent dit en Allemagne — je l'ai entendu dire moi-même — que l'Alsace, après l'annexion, avait bénéficié *d'un développement économique prodigieux, et que le bien-être de la population avait augmenté en proportion.* On ajoutait, naturellement, que les Alsaciens, convaincus par là des avantages qu'ils recueillaient de leur réunion à l'empire allemand, se déclaraient très *satisfaits* de dépendre du gouvernement allemand. On a dit qu'ils comparaient la façon dont ce gouvernement les traitait, avec la façon d'agir du gouvernement français qui, telle une marâtre, les sacrifiait dans les armées ou les employait à l'étranger, pour épargner les Français, etc.

J'ai fait part à plusieurs Alsaciens de ces allégations; ils n'ont jamais voulu leur reconnaître la moindre raison d'être. Ils m'ont affirmé que jamais la France n'avait cherché à favoriser les Français au détriment des Alsaciens : ces derniers étaient au contraire recherchés à cause de leurs qualités de méthode et d'endurance, complément heureux du tempérament ardent et fougueux des Français. Quand des Alsaciens ont été employés à l'étranger, de préférence à des Français, c'est sur leur demande.

**

J'ai fait des recherches au point de vue de la *situation économique* du pays. Voici ce que j'ai appris des Alsaciens les plus compétents en cette matière. *Les impôts qui pèsent sur l'Alsace sont aussi forts que ceux qui pèsent sur la France.* Les Alsaciens n'ont aucune cause de se réjouir, à cet égard, d'appartenir à l'Allemagne. L'industrie alsacienne, a subi de grandes pertes après l'annexion. Le marché français lui fut brusquement fermé, et l'industrie allemande lui fit une grande concurrence. Les Alsaciens, avec leur esprit pratique, ne se sont pas bornés à se plaindre; ils n'ont point attendu du hasard un changement à leur mauvaise fortune; mais, envisageant la situation telle qu'elle était, ils consacrèrent tous leurs efforts à sauver leur *grande industrie*, considérant qu'ils travaillaient encore, de la sorte, pour leur patrie bien-aimée. Ils furent donc obligés de se servir de l'Allemagne; et celle-ci leur procura *certains avantages*; mais les *grandes pertes ne furent jamais réparées.* Certaines industries ont prospéré; d'autres ont périclité; voilà, en somme, le résultat de l'annexion. Mais la véritable question est celle de savoir si les avantages recueillis auront quelque durée. Car une crise est menaçante pour beaucoup de corporations; l'agriculture donne des résultats très inférieurs à ceux qu'elle produisait autrefois; le prix du blé a baissé tandis que les charges qui pèsent sur les agriculteurs augmentent : impôts, assurances obligatoires, augmentation du prix de la main-d'œuvre.

Les mesures prises par le gouvernement ne sont que des palliatifs sans grande portée. La culture du tabac, si lucrative avant 1870 par suite du régime du monopole pratiqué en France, a été presque complètement abandonnée. La fabrication des vins mousseux a été frappée d'un nouveau droit, destiné à faire face aux dépenses rendues nécessaires pour l'établissement d'une marine allemande. Les nouvelles lignes de chemins de fer ont été construites dans un but exclusivement stratégique; le pays lui-même n'en retire aucun profit; les revenus en sont affectés à l'armée et à la marine.

Les avantages économiques que l'empire allemand retire de l'annexion de l'Alsace-Lorraine ne sont aussi qu'apparents; ils ne peuvent même pas entrer en ligne de compte, quand on les compare aux énormes dépenses que nécessitent la construction des forteresses, et l'entretien de l'armée *qui les garde*.

Un Alsacien très instruit, qui a vécu en France et n'est retourné en Alsace que par patriotisme, pour y travailler au bien de sa chère patrie, me disait, un jour, que ses compatriotes, à Mulhouse principalement, paieraient volontiers des impôts plus élevés, s'il leur était permis d'appartenir à la France.

Il ne s'agit pas en effet ici d'une question économique; un peuple civilisé n'a pas que des appétits matériels.

Ce même Alsacien m'affirma que des événements comme l'affaire du Panama ou l'affaire Humbert n'avaient aucun contre-coup fâcheux sur l'état d'esprit des Alsaciens. Il convenait qu'il se passe des choses pareilles dans tous les pays, et qu'elles ne concernent que quelques individus; qu'elles ne pouvaient donc porter atteinte au lien d'affection qui unit les Alsaciens à la France.

Il est vrai que ceux-ci ne méconnaissent pas tout ce que l'on rencontre de bien en Allemagne : l'amour du travail, les capacités techniques, l'esprit d'entreprise, l'intelligence des affaires, etc. Ils ne nourrissent aucune haine contre l'Allemagne, à l'exception peut-être de quelques exaltés. La haine, d'ailleurs, est un sentiment qui ne peut pas subsister indéfiniment dans le cœur de toute une population.

Mais, ajouta mon interlocuteur, les Alsaciens *n'aiment pas les Allemands* et ne se sentent pas attirés vers eux. Des ouvriers intelligents, en grand nombre, m'ont affirmé, qu'en dépit de l'égalité de traitement qui attend le travailleur, dans toutes les branches de l'industrie, quel que soit le lieu où fonctionne cette industrie, France ou Allemagne, ils n'avaient point d'attraits pour les Allemands, qu'ils se sentaient au contraire attirés par la France où les droits et les libertés donnés au citoyen permettent aux ouvriers de travailler à l'amélioration de leur sort, tandis qu'en Alsace la rigueur des lois d'exception, les sévérités de la police concernant le droit de réunion et la liberté de la presse, empêchent toute étude de ce genre.

Si même ces rigueurs et ces sévérités venaient à disparaître, si même toutes les lois allemandes étaient rendues applicables sur le territoire annexé, ils préféreraient encore, disent-ils, le régime et l'état social français.

Les paysans, les ouvriers agricoles, sont, eux aussi,

des amis de la France. Il arrive, souvent, que si on leur en demande la raison, ils se perdent dans des explications imprécises et confuses. Mais ce fait demeure, qu'ils se sentent toujours attirés vers la France. Peut-être la peur d'être dénoncés à l'autorité n'est-elle pas pour rien dans leur hésitation.

Il est certain qu'en Alsace et en Lorraine il faut toujours redouter *l'espionnage* et *les dénonciations*. On ne saurait même pas toujours compter sur ses serviteurs. Ce sont souvent des Allemands, et l'on en a vu, à maintes reprises, dénoncer leurs maîtres, les accusant d'avoir tenu des propos malveillants contre l'Allemagne, ou d'avoir employé des expressions trop sympathiques à l'égard de la France.

Ces dénonciations, transmises aux autorités allemandes, ont toujours été l'objet d'une sanction contre les imprudents.

C'est bien certainement la peur d'être trahi qui a empêché, un jour, un Alsacien de répondre à mes questions sur la situation de son pays. Cet Alsacien, qui, après avoir opté pour la France, avait obtenu ultérieurement l'autorisation de se fixer en Alsace, m'adressa à d'autres personnes pour obtenir les renseignements que je sollicitais de lui.

. .

On pourrait croire que la nouvelle génération qui a grandi après la guerre est moins éloignée des Allemands, et que ses sentiments pour la France sont moins vifs; mais il n'en est rien.

Les jeunes gens sont bien souvent aussi épris des Français que leurs propres parents : j'ai eu l'occasion de m'en convaincre moi-même, et j'ai même constaté que des *fils d'immigrés allemands* étaient demeurés hostiles à l'Allemagne, par ce seul fait qu'en *leur qualité d'Alsaciens* ils avaient dû souffrir de l'application des lois d'exception.

Le service militaire, que les jeunes Alsaciens accomplissent en Allemagne, n'a pas davantage causé de courant de sympathie.

Un jeune homme de dix-huit ans, qui faisait son service en qualité de volontaire — (les annexés peuvent être autorisés à faire leur service en Alsace, à condition d'en faire la demande avant d'avoir atteint leur majorité) — me répondit, il est vrai, comme je lui demandais s'il n'était pas contrarié de servir dans l'armée allemande : « Nullement, nous sommes de bons Allemands. » Mais c'était dans un lieu public, et son père rectifia, en riant : « C'est ce que l'on doit répondre quand on porte l'uniforme. »

La sœur de ce jeune homme avait été deux ans dans un pensionnat de France. Les membres de cette famille appartenaient à la petite bourgeoisie, et parlaient couramment le français, comme, d'ailleurs, tous les Alsaciens d'une certaine éducation.

Les événements ont démontré qu'on avait en vain employé les moyens de rigueur pour provoquer dans les pays annexés quelques sympathies en faveur de l'Allemagne. Tout révèle que la germanisation n'a fait que des progrès superficiels.

Strasbourg, en tant que siége du Gouvernement, est le centre d'activité du « germanisme ». C'est là qu'on « se sent le plus près du soleil ». Le « germanisme » y exerce naturellement une certaine influence, mais cette influence n'est pas en rapport avec la mise en scène qu'elle nécessite.

Les quartiers neufs de Strasbourg, ses monuments publics, imposants, le Palais de l'Empereur, le Palais de la Délégation, la Bibliothèque, l'Université, la Poste, les maisons privées, pour la plupart riches et somptueuses, les larges boulevards sont une manifestation brillante de l'activité germanique, comme les nouveaux remparts et la ceinture des douze forts qui entourent la ville attestent la puissance militaire de l'Allemagne.

La ville, qui avait autrefois 80,000 habitants environ, en compte aujourd'hui à peu près 130,000 dont le tiers est composé d'Allemands immigrés.

L'Université, dont les professeurs, à l'exception de quelques Alsaciens, sont Allemands, est fréquentée par près de 1,100 étudiants, dont la moitié vient d'Allemagne. Mais il est à remarquer que les étudiants d'origine alsacienne font *bande à part, et ne se mélangent pas aux groupes d'étudiants d'origine allemande.*

La science est donc vainement un terrain neutre et bien disposé pour être un terrain d'entente; l'union ne s'y est pas faite!

Quelques Allemands ont prétendu qu'on aurait dû précisément éviter, après la guerre, de créer une université allemande à Strasbourg. On aurait mieux fait, disent-ils, de forcer les jeunes Alsaciens-Lorrains à aller étudier dans les vieilles universités allemandes; ils seraient revenus à l'état de « bons Allemands ».

L'enseignement scolaire, de même que l'enseignement universitaire, a pour but de contribuer à la germanisation, et on s'assure par tous les moyens des opinions des maîtres d'école.

L'enseignement de l'histoire se fait à un point de vue foncièrement allemand. On espère, par l'histoire, transformer les sentiments de la race, et donner l'avantage à la thèse allemande sur la thèse française. Mais ce résultat n'a pas encore été obtenu. On entend les jeunes gens s'écrier, en parlant des récits que contiennent les livres d'école sur les rapports de l'Alsace et de la France : « Tout cela, ce sont des mensonges! »

La vérité, c'est que ce que l'on obtient à l'école par ce procédé, se perd à l'université où l'enseignement est plus conforme aux faits.

Le docteur G. Petersen, un Bavarois, l'a reconnu dans son ouvrage intitulé *Das Deutschthum in Elsass-Lothringen* (1902) : « la majorité des étudiants d'origine alsacienne et lorraine n'est pas bien disposée en faveur de l'Allemagne, et cela tient à l'influence de leurs familles et de leurs camarades. »

Petersen cherche, il est vrai, à démontrer que

l'esprit et que les tendances des populations des campagnes sont meilleures; mais il ajoute qu'il faut convenir que les résultats obtenus laissent beaucoup à désirer, et que la germanisation *n'a pas fait en trente ans* les progrès que l'on avait escomptés.

IV

DISPOSITION DES ESPRITS EN ALSACE
HOSTILE A L'ANNEXION
POLITIQUE PEU SAGE DE L'ALLEMAGNE

La politique adoptée par l'Allemagne à l'égard des pays annexés, et qui consistait à traiter la population, en vertu du paragraphe de la dictature et des autres lois exceptionnelles mises en vigueur, *comme si cette population avait été un composé de criminels et de révolutionnaires*, a manqué tout à fait de sagesse. C'était, on l'avouera, un singulier moyen pour amener cette « *rapide assimilation* » des annexés avec l'élément allemand que souhaitaient les membres du gouvernement. Le moyen, d'ailleurs, a agi dans un sens diamétralement opposé au but poursuivi, et n'a servi qu'à entretenir l'affection pour la France et l'animosité à l'égard du gouvernement allemand.

Certains patriotes allemands, sans prendre garde

aux difficultés rencontrées par leur gouvernement, n'ont pas craint de réclamer des mesures plus rigoureuses encore, pour activer la germanisation.

On ne s'attendait pas à rencontrer, chez tous les habitants, avec autant de ténacité, un tel amour du drapeau français et un tel amour de la liberté. On n'avait pas pensé à la puissance des traditions, on ne s'était pas assez souvenu que les Alsaciens-Lorrains avaient été *français* et *républicains*, et qu'une partie de l'Alsace, avec Mulhouse, avait fait partie jadis de la République Helvétique. Mulhouse a toujours été en étroite communication avec la Suisse; les races y ont été mélangées par les mariages; on ne peut s'étonner que le régime républicain y ait laissé une empreinte profonde, au double point de vue politique et social.

L'opinion de la population est sensiblement la même, dans la Haute et dans la Basse Alsace, en dépit de l'influence germanisante exercée par la ville de Strasbourg. Les sympathies françaises sont peut-être plus vives dans la Haute Alsace, à Mulhouse par exemple.

J'ai entendu un Allemand de Strasbourg, homme de science, dire textuellement : « Oui, les gens de Mulhouse sont les pires de tous[1] ! » Cette ville est la plus rapprochée de Belfort, où se rendent chaque année des milliers de Mulhousiens à l'occasion du 14 juillet. Ils y assistent à la célébration de la fête

---

[1] « Ia, die Mülhauser sind die schlimmsten! »

nationale française, et peuvent s'y sentir comme les frères des Français.

Les annexés n'ont, à proprement parler, avec les Allemands que des relations officielles, relations polies et correctes, mais sans aucune cordialité. Les Allemands ne *fréquentent pas les familles issues du pays*. Leurs groupes réciproques forment deux sociétés complètement distinctes, n'ayant entre elles que les rapports qu'elles ne peuvent pas éviter, tels que les rapports d'affaires, etc.

Le droit concédé aux Alsaciens-Lorrains d'élire leurs représentants aux assemblées politiques, n'est point aussi libre qu'il le paraît. Il est en réalité annihilé, en partie tout au moins, par les procédés qu'emploient les autorités allemandes dans les réunions électorales préparatoires, pour imposer aux électeurs les candidats sympathiques au gouvernement. C'est ainsi que les Allemands triomphent et détiennent la majorité dans le « *Landesausschuss.* »

On pourrait donc lui appliquer le mot de Bebel, à propos du Reichstag : « C'est une assemblée de membres honoraires[1]. »

La protestation que fit entendre à ce sujet le préfet M. de Kœller ne pouvait avoir aucune conséquence. Ceux qui connaissent la façon de procéder du gouvernement en Prusse n'en seront pas étonnés. Pour toutes les élections politiques, les autorités reçoivent des circulaires détaillées, contenant toutes les indications

---

[1] Honoratioren-Vesrtretung.

nécessaires pour pouvoir travailler utilement les comités électoraux, en même temps que l'ordre de leur faire adopter comme candidats ceux que patronne le gouvernement.

On ne doit pas nier cependant qu'il existe en Alsace-Loaraine certaines apparences qui peuvent faire croire à la germanisation du pays; et qui proviennent de l'immigration de nombreux Allemands.

L'émigration des Alsaciens-Lorrains, qui de 1870 à 1890 s'est élevée au chiffre de 180,000 personnes, a nui aux pays annexés. Elle les a privés d'un trop grand nombre de jeunes gens; elle a trop bien préparé le terrain à l'immigration des Allemands.

En 1894, la population aborigène ne comprenait plus que 1,342,000 personnes, tandis que le nombre des Allemands immigrés dépassait 282,000. La force de résistance des indigènes contre la germanisation s'est trouvée diminuée d'autant; c'est encore une des causes pour lesquelles on a pu croire que la germanisation faisait des progrès.

Bien des transformations se sont accomplies à ce sujet depuis quelque temps; l'émigration a cessé, et beaucoup d'aborigènes sont revenus, poussés par les difficultés de l'existence, ou simplement par le « mal du pays et leur amour de la terre natale ».

Le nombre des déserteurs militaires, qui atteignait autrefois presque 30 p. 100 du contingent annuel, n'en atteint plus guère aujourd'hui que 8 p. 100. Quelques-uns de ces déserteurs, après avoir fait leur service en France, sont revenus en Alsace; ils ont été arrêtés et condamnés à cinq années de service en Allemagne.

D'autres ont commencé par faire leur service en Allemagne, et se sont rendus ensuite en France pour le recommencer, afin de devenir Français.

Il est étonnant de voir combien les Allemands sont encore peu au courant de ce qui se passe dans les provinces annexées.

Me trouvant dernièrement à Berlin, je dis à un historien bien connu, que la germanisation n'avait fait en Alsace que des progrès extérieurs. Il me demanda avec étonnement ce que j'entendais par « germanisation », l'Alsace étant un pays « allemand »!

Les Allemands n'ont jamais su pénétrer l'état d'âme de ceux dont le traité de Francfort avait blessé le sentiment national; ils n'ont pas su deviner les justes motifs qu'ils avaient de prétendre avoir le droit de disposer eux-mêmes et librement de leur destinée.

L'apaisement politique qui règne actuellement dans les provinces annexées n'est en réalité que la paix qui règne sur un cimetière. La rigueur de l'administration a forcé tous les habitants à ne pas s'occuper d'autre chose que des affaires et du commerce.

Il n'est plus permis, comme autrefois, quand ces pays appartenaient à la France, de s'intéresser à toutes les grandes idées, à tous les problèmes, à toutes les questions du jour, ni même à la politique internationale. Il n'y a plus « *d'opinion publique* », comme disait un député de Colmar; les annexés ne peuvent plus exprimer leur pensée, et la presse est garrottée!

Il ne reste plus que le droit de penser, avec l'obligation de garder sa pensée secrète.

Propositions pour la solution de la question d'Alsace-Lorraine.
Erreurs de point de vue commises en Allemagne.

L'opinion, pas plus en Alsace qu'en France, n'est favorable à une guerre de revanche. Les Alsaciens-Lorrains redoutent justement la dévastation nouvelle que subirait leur pays, qui serait certainement le théâtre de la lutte et le lieu de rencontre des milliers d'hommes mis aux prises par les combattants. Les maisons, les fabriques, les champs seraient anéantis, détruits, dévastés! et les Alsaciens-Lorrains seraient, pour la plupart, contraints à combattre contre la France. Quelle pensée affreuse pour eux!

Ils ont beaucoup de parents et d'amis en France; de nombreux Alsaciens-Lorrains sont devenus Français en optant après l'annexion; beaucoup y sont employés; beaucoup plus encore appartiennent à l'armée française. C'est ainsi qu'en 1895, il n'y avait pas moins de 122 généraux français, nés dans les provinces annexées.

Bien des gens ont nourri l'espoir pendant longtemps, de voir aboutir la proposition qui consiste à faire de l'Alsace-Lorraine un *état neutre*. C'est un Français, le comte de Gasparin, qui émit le premier cette idée, à la fin de la guerre franco-allemande, afin d'éviter l'annexion à l'empire allemand. Gambetta n'en fut pas partisan, et défendit même qu'il en fût question.

Bismarck également fut hostile à ce projet à cause des sympathies nettement françaises de la population annexée. Il craignit que la « *neutralité* » ne fût une image trompeuse, favorable seulement aux intérêts de la France.

En Allemagne, à l'heure actuelle, on est encore opposé à la neutralisation ; en France, au contraire, elle serait acceptée très volontiers. Ce serait même, d'après ce que j'ai entendu dire, une solution qui réunirait chez les Français la presque totalité des suffrages.

Il serait, cependant, bien nécessaire de consulter préalablement les Alsaciens et les Lorrains! Il me paraît qu'ils sont les mieux qualifiés pour émettre un avis! Or, je les ai trouvés tout à fait opposés à une telle solution. Non seulement parce qu'ils craignent de rester sous le protectorat militaire de l'Allemagne, mais surtout à cause de la *situation économique* que cela leur créerait.

Quelques gros financiers d'Alsace, ainsi que plusieurs autres Alsaciens très éminents, m'ont affirmé à ce propos, que l'idée de la « *neutralisation* » est une chimère, un rêve stérile, auquel il est absolument inutile de consacrer sa pensée. Ils la considèreraient comme nuisible pour le pays. L'Alsace-Lorraine, État neutre indépendant, se trouverait isolée par les droits de douane, à la fois de la France et de l'Allemagne, et ces barrières douanières seraient pour elle une ruine. L'immense activité industrielle de l'Alsace appelle nécessairement un grand marché, et il lui faut, à ce point de vue, appartenir à un grand État, à l'Allemagne ou à la France.

Quelle serait, d'autre part, la situation militaire des habitants? Seraient-ils libérés de tout service actif? Devraient-ils au contraire porter les armes, en France ou en Allemagne, à leur gré?

On a dit qu'il suffirait de donner à l'Alsace-Lorraine l'autonomie, avec tous les droits qui appartiennent dans l'Empire aux états confédérés; que cela suffirait pour rétablir la tranquillité dans les esprits.

Quelques Alsaciens ont même émis cette idée, qu'en présence de l'attitude intransigeante de l'Allemagne il n'y avait pas lieu d'espérer une solution de la question, et qu'il était inutile d'en parler.

Je ne partage pas cet avis, quelque faible que soit, *pour le moment*, l'espoir d'amener un changement dans la situation des provinces annexées, il ne faut point y renoncer. L'état actuel de l'Empire ne durera pas indéfiniment sans subir de transformation. Des changements tout à fait inattendus ont déjà modifié plusieurs états européens. Il y a bien des événements prévus ou imprévus qui se produiront un jour ou l'autre et qui mettront l'Allemagne dans l'obligation de traiter avec la France au sujet de l'Alsace et de la Lorraine.

Une Alliance entre l'Allemagne et la France.

Cette alliance dépendrait, avant tout, des *nécessités politiques*. Elle ne peut provenir que de l'utilité que trouverait l'Allemagne à traiter amiablement avec la France, soit par suite des lourdes charges militaires qui pèsent sur elle, soit à cause des besoins de son industrie qui, quel que soit le développement prodigieux dont elle a bénéficié, ne peut pas manquer d'être bientôt très fortement menacée par la concurrence étrangère.

Il y a lieu d'espérer que les progrès intellectuels humanitaires accomplis par notre société moderne feront disparaître la plupart des risques de guerre en favorisant la fraternisation des peuples.

On peut espérer, enfin, que les Allemands finiront par comprendre que l'Allemagne et la France ont des *intérêts communs considérables* et qu'elles doivent organiser de concert la défense de leurs intérêts réciproques, industriels et commerciaux, sous peine de subir également le plus grand dommage, du fait de l'immense développement colonial de l'Angleterre et de la concurrence des États-Unis.

Il n'y a pas de doute qu'à l'heure actuelle on désire déjà, en Allemagne, un rapprochement avec la France.

Le professeur Dehlbrück me déclara, en 1899, qu'il voyait dans ce rapprochement la *condition nécessaire d'une paix durable*. Une solide amitié entre les deux États équivaudrait, selon lui, à une *alliance* dont il se montre le partisan fervent.

En mai 1902, lors de la fête internationale donnée à Paris en l'honneur d'Auguste Comte, j'entendis le docteur Molenaar exprimer en public, avec chaleur, la même opinion. Et le nombreux auditoire qui l'entendit, applaudit avec enthousiasme les paroles où il disait son espoir de voir une amitié véritable s'établir entre l'Allemagne et la France.

M. A. Duquet, un Français, a raconté dans *la Patrie* (août 1900) la conversation qu'il avait eue avec l'ancien attaché militaire Schwarzkoppen, qui, lui aussi, préconisait une alliance franco-allemande, ajoutant que le ministre de la guerre prussien du Vernois, lui avait parlé dans le même sens, et affirmait que c'était le secret désir du peuple allemand tout entier.

La brochure de l'Alsacien J. Heimweh : *Pensons-y et parlons-en*, en a fait naître une autre du docteur O. Arendt, député au Landtag prussien : *La France et l'Allemagne* (1893), où l'auteur exprimait ses sympathies pour la France et préconisait une alliance de ce pays avec l'Allemagne.

Toutes ces voix allemandes en faveur de l'alliance partent cependant d'un même principe : le maintien du *statu quo* dans la question d'Alsace-Lorraine, c'est-à-dire l'abandon par les Français de toute prétention sur les provinces annexées. Arendt déclare textuellement que « la France devrait tendre la main loyalement à l'Allemagne, mais qu'il ne peut être question de rendre une portion quelconque des territoires que nous avons conquis par la force des armes » ! Arendt ne comprend pas davantage que l'on puisse soutenir qu'un peuple ne doit pas être contraint d'appartenir à un autre peuple, contre son propre gré.

Quand on connaît cette façon d'envisager le *statu quo*, courante en Allemagne, on comprend le propos prêté à M. Herbette, ancien ambassadeur de France, au moment où il quittait son poste de Berlin : « Une entente sérieuse avec l'Allemagne est impossible; *l'Allemagne veut tout prendre, et ne presque rien donner.* »

Ces paroles ont été reproduites par M. Ch. Bonnefon[1], qui, sous l'influence de la connaissance très exacte qu'il possède des affaires allemandes, se déclarait hostile à cette alliance et convaincu de l'exactitude des paroles de M. Herbette : « L'Allemagne, écrivait-il, peut se servir avec profit de nous, mais elle ne peut nous être d'aucun avantage. On ne saurait être son allié, sans être sa dupe. »

Cet article était écrit au lendemain du discours prononcé, à la Chambre des Députés française, par M. Massabuau, qui s'était déclaré partisan comme Jules Ferry d'une alliance avec l'Allemagne.

.˙.

L'opinion des Allemands sur cette question n'est en réalité que l'expression de « *l'état d'âme d'un vainqueur* ». *C'est un mélange de jugements erronés, où je retrouve cette ignorance du droit, ce mépris le plus*

---

[1] Voir le *Figaro* du 10 décembre 1901.

complet des sentiments et des aspirations des vaincus et des annexés, qui est habituel aux conquérants.

Il est aisé aux Allemands de parler d'une alliance avec la France, si le traité de Francfort doit rester intact. Ils ont eu tous les bénéfices de la guerre; et l'indemnité de cinq milliards en a facilement compensé les charges.

Il faudra cependant que l'Allemagne fasse de son côté quelques *concessions!* Il ne s'agit pas de plaire aux revendications du *chauvinisme français* mais de céder à un sentiment naturel et légitime et d'accomplir un devoir national, envers deux provinces françaises, qui ont dû se soumettre, contraintes et forcées, à une domination sous laquelle elles ne voulaient point rester. La France ne peut pas renier, quant à ces anciennes parties de son territoire, *les principes de liberté et d'émancipation nationale* pour lesquels elle a combattu pendant la Révolution.

On a eu, dernièrement encore, une preuve de la façon vicieuse dont on raisonne en Allemagne, en ne tenant compte que du succès remporté en 1870. Le docteur J. Petersen, qui est conseiller à la Cour d'appel, ne craignait pas d'écrire dans son ouvrage [1] cette phrase stupéfiante : « *La grande phrase* dont il est fait si souvent état en France et dans les provinces annexées, *le droit pour les peuples de disposer d'eux-mêmes,* pouvait être d'autant moins prononcée à l'encontre de l'Allemagne, que le peuple français approuva

[1] Das Deutschthum in Elsass-Lothringen, 1902.

cette cession, par l'entremise de ses mandataires[1] ». Il est vraiment étrange de voir un juriste de la Cour méconnaître de cette façon, deux fois en quatre lignes, les principes les plus élémentaires du droit! Il appelle *grande phrase* l'un des principes les plus sacrés du droit des gens!

Il dit que le Parlement français, en *ratifiant* les préliminaires de paix du 1ᵉʳ mars 1871, approuva la *cession*, et il ne tient aucun compte de ce fait que les vrais mandataires de l'Alsace, que ceux qui la représentaient réellement, *votèrent contre cette cession*, qui n'était pas volontaire *mais imposée par la force*. Le traité qui fut alors conclu était dicté par le vainqueur, c'était encore *la voix des canons qui parlait*, c'était un *pacte arraché par la violence*, ce n'était pas une convention avec la portée juridique que peut avoir ce mot!

Tandis qu'en France, aussi bien que dans le monde entier, on considère l'Alsace-Lorraine comme une *conquête faite* par l'empire allemand, en Allemagne, au contraire, on la représente comme la reprise de possession d'un bien sur lequel on avait « un ancien droit de propriété! »

On pouvait lire dans la *Vossiche Zeitung* un article ainsi conçu : « L'empire allemand n'a pas violé le droit, et rien ne saurait obliger l'Allemagne à donner des compensations à la France. *Il n'y a pas pour l'Allemagne de question d'Alsace-Lorraine.* »

---

[1] Page 52.

Il est impossible, dans ces conditions, d'espérer une solution pacifique des conflits internationaux, et la réconciliation des peuples ennemis. Il en sera ainsi, d'ailleurs, tant qu'on persistera à s'appuyer sur *le droit de conquête*, si improprement nommé *un droit*, à moins qu'on ne considère « les canons » comme une source de droits!

Il est évident que certains juristes de l'empire allemand les considèrent comme tels.

Mais la manière dont raisonne Petersen est d'autant plus étrange qu'il admet lui-même *qu'on était bien loin, en Allemagne, de songer à faire la guerre en 1870, pour reconquérir l'Alsace et la Lorraine*. Il reconnaît que l'idée de l'annexion n'est apparue et ne s'est imposée *qu'après les premières victoires des troupes allemandes*. Il avoue donc que l'Allemagne, avant la guerre, n'avait *aucune prétention légale sur ces pays*.

Mais il oublie que ces prétentions étaient contraires au « droit social » et que ceux qui constituent *l'opinion publique intelligente* de l'Europe n'en ont jamais reconnu la légitimité, *même après la guerre*.

On ne vit jamais de vainqueur se montrer plus incapable de tirer parti de sa victoire, ni commettre plus de fautes préjudiciables à son propre intérêt que l'Allemagne après 1870.

C'est une erreur grossière de prétendre que nous devons à l'annexion de l'ancienne frontière de la France la paix dont nous avons joui depuis.

Bismarck, en se décidant pour l'annexion, a sacrifié

les véritables intérêts de l'Allemagne, parce qu'il a fait naître chez les Français, à l'égard des Allemands, une animosité profonde, qui n'existait pas auparavant.

Bismarck et Napoléon III, avant comme après Sadowa, avaient traité amicalement bien des questions touchant aux intérêts communs de leur patrie réciproque; la nation n'était pas à cette époque *l'ennemi héréditaire*. Mais la rupture a fait peser sur l'Allemagne des charges militaires écrasantes; ce fut une première perte. Une autre fut la proclamation de l'état de siège en Alsace-Lorraine, et cette tyrannie humiliante que l'on y fit régner pour « rallier », disait-on, à l'empire allemand et prussien cette prétendue population allemande, mais qui, en réalité, ne l'avait jamais été.

L'annexion de l'Alsace-Lorraine a été aussi préjudiciable à l'Allemagne que celle de la Lombardo-Vénétie l'a été à l'Autriche. Et celle-ci fut obligée de restituer sa conquête, après soixante-dix ans d'occupation, (1866). L'Autriche n'a eu qu'à se louer de cette rétrocession. Il en sera de même de l'Allemagne qui restera continuellement menacée, qui ne retrouvera pas le repos dont elle jouissait auparavant, jusqu'à ce qu'une véritable trêve ait été conclue avec la France sur les bases de la rétrocession de l'Alsace-Lorraine.

C'est ce que je vais démontrer maintenant en faisant l'exposé de la situation économique de l'Allemagne.

V

L'ALLEMAGNE EST-ELLE MENACÉE D'UNE CRISE ÉCONOMIQUE?

La puissance intérieure et extérieure de l'Allemagne s'est développée d'une façon vraiment extraordinaire à la fin du dix-neuvième siècle. Le commerce et l'industrie de l'Empire ont pris un essor prodigieux après la guerre de 1870-1871. Et l'on peut dire qu'à l'heure actuelle ce pays est capable de soutenir avec avantage la concurrence contre tous les autres pays, dans la plupart des branches de son industrie : je citerai l'électricité, la chimie industrielle, l'industrie mécanique, la construction des locomotives, celle des bateaux à vapeur, la fabrication des presses d'imprimerie, etc., etc.

Au cours de cette évolution, les Allemands se sont montrés des travailleurs méthodiques et bien disciplinés. Leur capacité industrielle porte maintenant ses fruits ; il suffit, pour s'en rendre compte, de constater le développement prodigieux des villes, où s'entassent des capitaux énormes sous forme d'édifices somptueux et de riches usines! Il y a trois ou quatre ans, après les merveilleux résultats financiers de 1896-1897, il n'y avait plus qu'une voix pour célébrer la richesse de l'Allemagne.

J'ai eu l'occasion, en 1899, d'entendre le professeur Dehlbruck[1] célébrer devant moi la prospérité économique de l'Allemagne. Il ne pouvait se lasser de me répéter que le peuple allemand, robuste et sain, était satisfait de son sort et se trouvait à l'abri de la pauvreté ; il me vantait sa richesse et ses finances florissantes ; il me faisait valoir l'importance de ses chemins de fer, propriété de l'État.

Cependant ce ciel si pur s'est assombri depuis quelques années. L'Empire n'est plus aujourd'hui dans une situation économique aussi favorable. Le commerce et l'industrie ont subi depuis 1900 une augmentation de charges ; les dépenses nécessitées par l'armée, par la flotte, par les entreprises coloniales, ont augmenté d'une façon inquiétante ; et les difficultés budgétaires et financières ont commencé. La *dette publique* s'est accrue considérablement ; le *passif* est criard, et l'opposition, qui préconise depuis longtemps une réforme financière, a pris tant d'importance que les « gouvernementaux » eux-mêmes

---

[1] Éditeur des Preussiche Jahrbücher.

ont fini par se rendre compte de la nécessité d'un changement.

Grâce aux cinq milliards payés par la France comme indemnité de guerre, les finances se trouvaient encore en 1877 en si bon état, que la dette de l'empire ne se montait pas à plus de 16,8 millions de marks; elle a atteint à l'heure actuelle 2,700 millions de marks.

L'augmentation de la flotte, votée par le Reichstag en juin 1900, et qui inaugure un plan de campagne que le gouvernement doit suivre jusqu'en 1917, est à ranger parmi les dépenses extraordinaires que l'État a imposées à la nation allemande. Les dépenses pour la flotte étaient en 1900 de 168 millions de marks; elles atteindront, en 1917, 268 millions de marks. Les crédits affectés à la marine, pour la période qui ira de 1901 à 1917, s'élèveront donc au total à 4,353 millions de marks.

L'Allemagne parviendra peut-être à faire face à de pareilles dépenses, grâce à l'accroissement de la fortune nationale et par la vente des chemins de fer, mais il faudra quand même, pour les couvrir, des impôts énormes, et ces derniers retomberont en grande partie sur le peuple.

Les changements qui s'accomplissent dans l'empire allemand ont encore d'autres causes économiques et sociales.

La production du blé, qui il y a cinquante ans suffisait aux besoins de la population, n'y parvient plus aujourd'hui, en dépit des progrès accomplis par l'agriculture elle-même; il faut demander aux importations *le quart, à peu près, de la consommation*, soit environ 5 millions de tonnes sur 20 millions.

L'Allemagne est devenue presque exclusivement un pays *industriel*. Au commencement du dix-neuvième siècle, les trois quarts de la population s'adonnaient à l'agriculture; il n'y en a plus guère aujourd'hui qu'un tiers. Tout l'excédent de la population, depuis cinquante ans, s'est porté également vers les villes et s'est consacré à l'industrie et au commerce.

L'exploitation des forêts, l'élevage des chevaux et des moutons, ne produisent plus assez. Les richesses métallurgiques du pays, si abondantes cependant, ne répondant plus aux besoins de la consommation, chaque année il faut importer des quantités énormes de fer, de cuivre, de plomb. On peut dire qu'il n'y a plus maintenant en Allemagne un seul produit qui puisse répondre, avec les seules ressources que lui donne le pays, aux besoins sans cesse croissants de la population.

L'Allemagne est donc obligée d'exporter des quantités considérables de produits manufacturés afin de se procurer l'argent nécessaire pour payer ce qu'elle importe en produits alimentaires, matières premières et produits à demi manufacturés. Il lui faut, par conséquent, *des marchés assurés à l'étranger*.

La conclusion à tirer de tout ceci apparaît aisément : l'Allemagne a besoin de « colonies »; il lui faut des « *points d'appui* » dans les différentes parties du monde. Elle doit faire de la « *politique internationale* », autrement dit, de la «*politique de grande puissance,*» et cette politique lui impose d'avoir une forte marine de guerre, pour protéger ses importations et ses exportations.

On s'en rendra mieux compte en comparant *l'augmentation considérable de la population, avec l'accroissement proportionnel des besoins de la consommation.* C'est là, en effet, que se trouve le nœud de la question économique en Allemagne.

La population de l'Allemagne, en 1870, était d'environ 40 millions d'habitants; elle a dépassé en 1900 le chiffre de 56 millions.

L'augmentation annuelle de la population s'effectue régulièrement; elle représentait le chiffre de 4,065,000 pour la période de 1895 à 1900; cela fait donc une augmentation annuelle de 813,000 personnes! Il est facile de se rendre compte des conséquences d'un pareil accroissement de population. Avant peu, il n'y aura plus assez de place sur le sol de la mère-patrie pour contenir tous les Allemands. Des millions d'entre eux devront émigrer, si l'on ne veut pas que le nombre des « sans-travail » et des « affamés » devienne un danger social dans cet état. Où émigreront-ils ? Dans les pays de pleine civilisation où ils ont émigré jusqu'à présent ? Peut-être ; mais la place peut y faire défaut, et il faudra bien que l'Allemagne se procure des colonies pour recevoir ces émigrants.

L'Allemagne, sans colonies, est menacée par d'irréparables désastres, la ruine économique, les révolutions sociales, la famine même.

Ce n'est donc pas par orgueil national, pour satisfaire un vain désir d'expansion, que l'Allemagne doit chercher des colonies à l'étranger. *Il s'agit pour elle d'être ou de ne pas être ;* il s'agit pour elle de défendre la vie des milliers d'individus que menace l'augmentation continuelle de la population.

L'Allemagne, dans cette situation, déclarera-t-elle la guerre à une autre puissance maritime? C'est peu probable; une telle guerre lui ferait courir de trop grands dangers. Elle serait vite atteinte dans son point faible, la marine marchande, et réduite par le blocus et par la famine.

Le commerce d'importation et d'exportation de l'Allemagne représente une somme de 10 milliards de marcks, chaque année; il constitue donc l'un des principaux aliments de la vie nationale dans ce pays.

Or, un danger nouveau vient de surgir, qui le menace directement; c'est le *mouvement impérialiste* qui se manifeste depuis quelques années en *Angleterre et en Amérique*. Ce mouvement tend de plus en plus à fermer au commerce étranger les colonies et les marchés de ces deux pays, de telle façon que les produits manufacturés allemands y trouvent de moins en moins de débouchés. On comprend aisément, dans ces conditions, la nécessité où se trouve l'Allemagne de se procurer des colonies importantes, sous peine de succomber sous l'augmentation de sa population, et par suite des tendances de l'impérialisme des autres puissances. C'est ainsi que l'augmentation de la flotte est devenue une question vitale pour la nation allemande, et l'on ne doit pas s'étonner que le Reichstag ait voté en 1900, à une grande majorité[1], le projet du gouvernement, d'en doubler les forces dans l'espace de dix-sept ans.

∴

On aurait tort de voir dans cet exposé un tableau poussé volontairement aux couleurs sombres. Je me suis fondé sur les chiffres officiels et sur les renseignements qui m'ont été fournis par les spécialistes les plus compétents de l'Allemagne en matière d'économie politique et sociale. Je m'en suis rapporté tout particulièrement à ce que m'ont dit MM. Schmoller, G. Francke, F. Voigt, et aux documents qui m'étaient fournis par l'ouvrage intitulé : *Handels-und Macht politik*, 1900. Ce livre n'est en quelque sorte qu'un long cri d'alarme jeté par tous ceux qui y ont collaboré, *par crainte de la position désespérée où se trouverait l'empire allemand*, s'il ne parvenait pas à donner à sa politique coloniale l'appui d'une flotte puissante.

« *Notre existence sera menacée,* écrit Schmoller, si nous ne devenons pas puissants sur mer, si nous ne parvenons pas à maintenir nos voies d'approvisionnement constamment ouvertes, si nous ne pou-

[1] 153 contre 79.

vons au besoin agir *par la force* sur les États d'où nous importons le grain. »

Francke déclare de son côté : « Notre économie domestique tout entière serait sérieusement compromise, *si l'exportation de nos produits manufacturés devenait impossible ;* nous ne pourrions plus procurer de travail à la masse du peuple, *l'Empire allemand se verrait rayer du rang des grandes puissances,* etc.

Après avoir rappelé que l'Allemagne ne possède pas de débouchés commerciaux absolument sûrs, Voigt démontre que « la ruine des industries d'exportation condamnerait les populations ouvrières allemandes en *masses, à mourir de faim,* ou les obligerait à *émigrer* pour mendier du travail et du pain à la porte des nations étrangères. Pour lui, comme pour ceux que j'ai déjà cités, le développement de l'industrie d'exportation fait donc courir un *très grand risque* au peuple allemand pour le cas où elle viendrait à péricliter.

Le docteur Gruber, au cours des débats qui précédèrent au Reichstag le vote de l'augmentation de la flotte de guerre, ne craignit pas d'affirmer à la tribune que « l'extension donnée par l'Allemagne à ses intérêts commerciaux serait pour elle la cause de conflits internationaux, dont elle devrait sortir, par ses propres moyens, sans devoir compter sur l'appui d'aucun autre État ».

Il est certain que ceux qui se montraient partisans de l'augmentation de la flotte étaient influencés par la pensée que l'*Allemagne aurait un jour une guerre contre l'Angleterre.*

Lorsque Bebel, se déclarant d'accord en ceci avec Bismarck, exprima l'avis que l'Allemagne n'avait pas d'autres intérêts contraires avec l'Angleterre que des rivalités de commerce, et qu'il ne pouvait y avoir là l'occasion d'une guerre entre des puissances qui vivaient d'autre part en bonne intelligence, le comte Stolberg lui riposta « qu'on ne pouvait pas savoir si Bismarck avait eu toujours la même opinion, ni s'il la garderait longtemps ».

Cette remarque n'était pas vaine, car, en dépit des marques d'amitié que se donnent les gouvernements allemand et anglais, *une sourde hostilité est née entre le peuple anglais et le peuple allemand.*

Un journal de Berlin, *le Fremdenblatt*, a fait paraître — toujours à l'occasion des débats sur la marine — une série d'articles où il prétendait démontrer que la guerre faite par l'Angleterre, dans l'Afrique du Sud, était dirigée en réalité moins contre les Boers que contre l'influence allemande; il rappelait certains passages des journaux anglais, le *Spectator* et la *Saturday Review*, qui avaient, en 1897, poussé à la guerre contre l'Allemagne, pour assurer à l'Angleterre la domination des mers.

Le baron de Schellendorff, à peu près à la même époque, écrivait dans le *Berliner Tageblatt* qu'il voyait avec plaisir le peuple allemand témoigner sa sympathie au peuple boer. « Les Boers, disait-il, qui seront appelés à travailler dans ces contrées avec des Allemands s'en souviendront. Ils donneront à nos colons leur amitié et leur prêteront l'appui de leur esprit entreprenant ; ce sera un bienfait pour nos colonies de l'Afrique du Sud ; et l'on pourra voir ainsi, que l'Angleterre ne tirera pas de sa conquête tout le profit qu'elle en avait espéré. »

Le résultat de la guerre avec les Boers a été de rendre les Anglais maîtres de tout le sud de l'Afrique et de détruire, par là même, les projets de colonisation que les Allemands y avaient faits.

Sans prendre à la lettre le « *delenda est Germania* » de la *Saturday Review*, on ne peut pas se dissimuler non plus, que l'impérialisme anglais comporte en lui-même un principe d'hostilité contre l'industrie et le commerce allemands ; c'est donc un grand danger pour l'empire allemand.

L'Europe a aussi les meilleures raisons de redouter l'impérialisme américain et la concurrence des États-Unis sur les grands marchés du monde. Le président Roosevelt, dans le discours qu'il fit à Chicago en 1899, après avoir célébré l'impérialisme américain, montrait un jeune peuple, plein de vie et d'ardeur, s'élançant à la conquête commerciale du monde. Ce discours était inspiré évidemment par cette inépuisable force d'activité qui a fait la grandeur des États-Unis. C'est pourquoi le Président Roosevelt condamna avec beaucoup de vigueur et d'éloquence l'inaction et l'oisiveté pour faire l'éloge au contraire de l'amour du travail et de l'esprit d'entreprise : « Nous n'avons aucune estime, disait-il, pour celui qui se retire timidement de la lutte et préfère vivre tranquille, mais nous admirons ceux qui personnifient pour nous l'effort victorieux. » Il déclara que les Américains devaient prendre part aux événements extérieurs. « Nous devons ne pas perdre de vue que la sphère des intérêts de chaque nation tend perpétuellement à s'agrandir, si nous voulons conserver notre rang dans la lutte ouverte pour la *conquête maritime et commerciale* du monde, et si nous voulons établir notre puissance *au delà de nos frontières*. Si nous fuyons la *concurrence*, des peuples plus hardis ou plus forts nous dépasseront et s'assureront de la domination du monde entier. »

Ces paroles sont bien faites en effet pour donner à réfléchir à la vieille Europe, surtout quand on pense que celle-ci s'est déjà sentie menacée, ces derniers temps, par le flot montant du formidable esprit d'entreprise américain. Les capitaux américains, ne trouvant pas toujours d'emploi en Amérique, s'entassent et s'accumulent. L'Europe, pendant ce temps, continue à s'appauvrir par le militarisme, à cause de cette méfiance qui règne entre les états, et qui a pour point initial la politique barbare qui a imposé l'annexion.

Conditions d'une alliance entre la France et l'Allemagne.

Nous venons de voir que des hommes compétents, tels que Schmoller, Francke, Voigt et d'autres étaient d'accord pour reconnaître que l'Allemagne devrait nécessairement posséder des colonies propres, et avoir des zones d'influence bien protégées, dans d'autres parties du monde que l'Europe, si elle veut conserver sa situation économique et ne pas déchoir au rang d'un état de second ordre. C'est la seule façon pour elle d'avoir les terres d'expansion dont elle a besoin, et de satisfaire aux conditions de sa vie sociale.

Si l'Allemagne n'a pas de colonies, et si elle en a besoin, si elle n'a pas de débouchés commerciaux assurés, et s'il lui en faut, il semblerait alors que les hommes d'État allemands, devraient faire tendre leurs efforts, *à obtenir de la France, par des négociations pacifiques, la cession d'une colonie bien placée*, conformément à ce qui était proposé en 1888 par l'ancien député au Reichstag, l'éminent patriote alsacien, M. A. Lalance. La France, il ne faut pas s'y méprendre, est dans une situation bien plus avantageuse que celle de l'Allemagne, bien que sa population augmente fort peu, et que trop de familles aient limité leur descendance au nombre de deux enfants. Les Français n'ont pas à redouter tous les fléaux qui proviendront en Allemagne d'un excès de population. La France est un pays agricole, qui peut se suffire à lui-même, et qui possède, en outre, pour les besoins de ses exportations et de ses importations, d'immenses territoires coloniaux. Il me suffira de citer le Tonkin, Madagascar, l'Algérie. L'Algérie seule peut recevoir encore vingt millions de colons. La France pourrait donc céder une de ses colonies.

Puisque la possession d'une bonne colonie est une question de vie ou de mort pour l'Allemagne, elle ne peut pas hésiter à s'en assurer une, et si elle peut l'obtenir à des conditions avantageuses, elle serait coupable de ne pas le faire.

Le gouvernement allemand et le Reichstag feraient donc preuve d'un singulier aveuglement, s'ils refusaient l'offre d'une colonie dont l'acquisition, loin de comporter comme compensation un sacrifice, *soulagerait au contraire l'Allemagne d'une partie des charges qui pèsent sur elle.*

C'est cependant ce que l'Allemagne obtiendrait si elle *rendait l'Alsace-Lorraine à la France* et *concluait avec elle une union douanière* qui les protégerait toutes deux ensemble, contre la concurrence menaçante de l'Angleterre et des États-Unis.

Cette union devrait être suivie à courte échéance d'une *alliance défensive*, qui aurait pour effet une réduction importante des effectifs et des dépenses militaires. Ces dépenses, on le sait, s'élèvent actuellement à *deux milliards de francs* par an et pour chaque pays, et ont été rendues nécessaires, en grande partie, par l'annexion de l'Alsace-Lorraine.

Il y a donc de multiples raisons pour qu'on désire

une union douanière entre la France et l'Allemagne; elles ont à se défendre contre la même concurrence étrangère, leurs produits industriels ne sont pas identiques; ce qu'elles exportent n'est pas de même nature, etc.

La France a beaucoup de colonies, dans des climats variés; mais elle a peu d'émigrants. L'Allemagne a peu de colonies, et celles qu'elle possède sont tout à fait insuffisantes pour suffire aux besoins de son commerce d'importation et d'exportation. Elles sont trop petites aussi, ou trop mal placées pour pouvoir recevoir les colonnes d'émigrants qui chaque année quittent la métropole.

La plupart des émigrants allemands se sont rendus jusqu'à présent aux États-Unis où ils se sont mélangés avec la population américaine; ils ont donc collaboré à l'œuvre industrielle des Américains, et fait, par la même, *concurrence à leur pays d'origine*.

Les économistes allemands les plus distingués ont relevé le fait, et en ont pris acte pour réclamer, avec beaucoup d'insistance, des colonies pour l'Allemagne. Ces colonies formeraient comme un prolongement de la « Patrie allemande », et la nationalité allemande s'y conserverait intacte, chez les millions d'hommes qui n'ont pas trouvé à se faire une place dans l'Empire.

.·.

Les Allemands désirent-ils vraiment une alliance avec la France? Il est évident, qu'avant de se prononcer, ils doivent s'assurer que cette alliance *comporterait de véritables avantages pour leur pays*. Ce n'est pas seulement pour plaire à la France qu'ils doivent la rechercher. Mais si elle leur procure des avantages, ils devront *lui donner en échange des compensations*.

La preuve est faite que l'Alsace-Lorraine est une *charge* et une cause de *faiblesse* pour l'Allemagne. Elle lui a coûté des milliards, et elle a nécessité l'entretien d'armées formidables destinées à maintenir la paix.

Il est non moins certain que la rétrocession de ce pays ne comporterait de la part de l'Allemagne aucun *sacrifice*, mais lui fournirait au contraire *un profit certain*.

Fidèle aux anciennes traditions nationalistes, et méconnaissant le véritable état des choses, aussi bien que la puissance des faits, le chancelier de l'empire, M. de Bülow, a tenu devant le Reichstag, en juin 1902, les propos suivants : « C'est pour des raisons historiques, et pour donner satisfaction aux revendications immuables de la nation allemande, que nous avons dû faire de la possession par nous de l'Alsace-Lorraine, le *gage de l'existence* de l'Empire lui-même; nous ne pouvions pas laisser nos compatriotes Alsaciens-Lorrains sortir de notre sein sans compromettre notre *unité nationale* si difficilement obtenue; nous ne consentirons jamais volontairement à une rétrocession de ces contrées qui ont fait partie anciennement de l'Empire. »

Mais des circonstances nouvelles se produiront

avant peu, qui obligeront l'Allemagne, en dépit de ces déclarations officielles, à rétrocéder l'Alsace-Lorraine, volontairement ou non, mais sans guerre cependant. Un nouveau chancelier tiendra un autre langage quand des milliers d'Allemands manqueront de pain. Avec un accroissement annuel de plus de 800,000 habitants, la population de l'Allemagne aura augmenté dans cinq ans de 4 millions d'âmes. Si *l'importation du blé venait à cesser* pour une cause quelconque; si la Russie, par exemple, qui fournit à l'Empire allemand la plus grande partie de ce qu'il faut pour compléter sa production nationale interdisait l'exportation du blé; si les produits manufacturés allemands ne trouvaient plus de débouchés à l'étranger, par suite de la concurrence anglaise ou américaine; si ces terribles éventualités, toutes possibles, se réalisaient, qu'arriverait-il ? Ce serait en Allemagne la ruine, la révolution, la famine.

La question d'Alsace-Lorraine doit être envisagée en tenant compte de la façon brutale dont s'est accomplie l'annexion, et de la disposition des esprits au moment où elle a eu lieu. Il faut se placer, pour l'étudier, au point de vue du droit social et du droit des gens ; il faut repousser toute théorie nationaliste, toute considération tirée du langage.

La solution que je proposais est la seule qui pourrait amener une alliance entre la France et l'Allemagne et la conclusion d'une paix durable pour l'Europe.

Cette solution n'a contre elle aucune bonne raison, mais seulement, le « faux point d'honneur du parti militaire allemand », la conception erronée qu'ont les Allemands *de la nationalité des Alsaciens-Lorrains*, et l'illusion que leur donnent de prétendus *droits historiques*.

Une terrible responsabilité pèse sur ceux qui seraient à même, par leur situation, de modifier cette manière de voir, et qui cependant, fermant l'oreille à la voix de leur conscience, refusent d'accepter le seul moyen qui soit à leur disposition, d'éloigner de l'Allemagne la catastrophe qui la menace.

C'est une folie de croire que la rétrocession de l'Alsace et de la Lorraine à la France pourrait faire courir à l'Allemagne un danger d'invasion par les Français.

Les Allemands devraient comprendre que s'ils disent que la possession des provinces annexées les protège contre les Français en tenant la France plus éloignée du centre de l'Allemagne, les Français pourraient à leur tour et avec tout autant de raison, affirmer que la présence de l'Allemagne dans ces régions constitue pour eux une menace perpétuelle d'invasion par les Allemands !

Le Rhin ayant cessé d'être la frontière naturelle entre les deux pays, la France a été dans l'obligation d'élever une série de forteresses à Verdun, à Toul, à Nancy, à Épinal, à Belfort, pour défendre ses nouvelles frontières de l'Est. Contre qui sont élevées ces barrières? N'est-ce pas contre l'Allemagne?

La possession de l'Alsace-Lorraine n'est point un élément indivisible de l'unité allemande; le maintien de cette unité n'en dépend pas; l'unité allemande ne comprend pas nécessairement la possession de l'Alsace-Lorraine par l'Allemagne.

On ne doit pas davantage faire entrer en ligne de compte les grands sacrifices que les Allemands, ou plutôt les Prussiens, prétendent avoir faits pour rentrer en possession de ces provinces; ces sacrifices ont été faits en réalité pour permettre à la Prusse de reconstituer à son profit un grand Empire allemand en Europe.

Tous les Européens auraient à gagner à une réconciliation de la France et de l'Allemagne, sur les bases que je propose!

On a calculé que l'Alsace-Lorraine a coûté à l'Europe, depuis 1871, 100 milliards de francs, par suite des charges militaires qui pèsent sur tous les États, pour le maintien du traité de Francfort, bien improprement dénommé « *traité de paix* ».

La restitution de l'Alsace-Lorraine à la France diminuerait de plusieurs milliards, chaque année, les dépenses militaires de la France et de l'Allemagne. Elle ferait du premier de ces pays un allié sûr pour le second.

Les partis belliqueux verraient leur puissance diminuer; les Français n'auraient plus l'aiguillon de l'amertume, laissé par la défaite; les Allemands cesseraient de voir dans leur nouvel allié, « l'ennemi naturel » ; et Français et Allemands travailleraient ainsi à la sauvegarde de leurs intérêts communs, et par là même, au bonheur et à la prospérité de l'Europe.

Si l'Allemagne refuse de réviser le traité de Francfort, *il n'y aura plus jamais en Europe de véritable état de paix. La paix ne sera plus maintenue que par la menace perpétuelle de la guerre.* Lorsque les Allemands raillent l'alliance franco-russe et disent qu'elle est contraire à la civilisation et humiliante pour la France, ils oublient que cette alliance a eu pour unique cause l'annexion de l'Alsace-Lorraine !

Puisse-t-on se rappeler un jour, en Allemagne, ces paroles du célèbre historien Mommsen : « L'avenir de notre civilisation dépendra d'un arrangement amiable avec la France. » Puisse-t-on s'y souvenir également de cette déclaration de Bismarck : « Lorsque l'Allemagne et la France marcheront la main dans la main, elles domineront le monde ! »

FIN

www.ingramcontent.com/pod-product-compliance
Lightning Source LLC
LaVergne TN
LVHW050627090426
835512LV00007B/715